水与大气篇

我们大气的面目

你知道吗？我们生活在大气中但很难直接看到它。我们所生活的地球被非常厚重的水和大气层。正是由于这么多水分和空气的存在，才有了云的存在，继而才有了我们所熟知的下雨和下雪等天气现象。而这些奇妙的天气变化都是发生在几公里来的大气层中。

气槽与红电闪光

▶气槽是巨大的稀薄放电现象，多发在一些强烈的风暴上。红电闪光是一种发生在高空的大规模放电现象，通常呈红橙色。

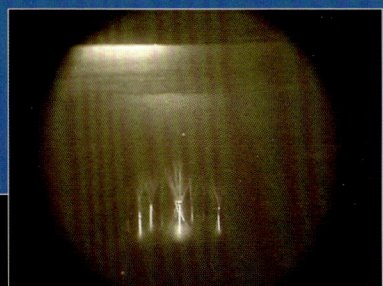

图片 / NASA

图片 / NASA

图片 / NASA

冰与水共同缔造的 自然奇观

雨后的天空中，常常会出现彩虹，这是太阳光射入大气中的水珠，即光经过反射和折射后，分散的色彩再次被聚集产生的光。在大气中，阴光经过折射与反射，分离的色彩与多样出现不等的光带，就形成了彩虹。

双虹

▶ 当光线从大气中水滴折射并反射时，就会发生散射。平时，看起来较虹会伴不着副虹，即所谓（主虹）外侧为紫光，内侧为紫光；副虹（霓）的颜色排列则与主虹相反，且颜色也比较稀疏。

幻日

◀ 当空气中的六角形冰晶的特定方向折射阳光时，就会出现幻日。如照片所示，在真实的太阳两侧，或在其中一侧会产生了太阳的虚像。

光柱

◀ 当大气中水滴的个数较少，周围大气的温度降低时，阳光中的红外光就会更多地被散射。这表明光进入我们的眼中，我们就看到了美丽的光柱。

刊头彩页

观音圈

▶ 观音圈产生的原因相当复杂，当云雾中的水汽经由阳光折射后，在特定条件下便会在太阳的反方向形成这种全圆或接近全圆的彩虹状光环，一般在飞机上或高山上才有机会看见它。

影像提供 / 市场绅太郎、Aflo

影像提供 / 片平孝、Aflo

◀ 阳光的强弱和水的结晶状况都会影响冰晶的最终形状。

影像提供 / 后藤昌美、Aflo

钻石星尘与日柱

◀ 钻石星尘又叫冰晶，是在气温处于零下10℃到零下20℃时易出现的一种自然现象。那时，空气中的小冰珠会形成粉末儿状的小冰粒，当太阳光照射在这些小冰粒上时，就会产生璀璨的光芒，形成"钻石星尘"。当天气很冷且太阳正好升起或落下时，落下的冰晶会整齐地反射阳光，看上去呈柱状，形成日柱效应。

侵袭地表的
惊人力量

台风

▲ 这是从国际空间站上拍摄到的台风图像，可以清楚地看到位于中心的台风眼。

出处 / NASA

地球上的气流每分每秒都在发生着变化，那些看上去巨大怪异的云，往往能产生颇具威胁性的气候现象。即使现在科学已经非常发达，我们依然无法解释其中的一些自然现象。

龙卷风

▲ 不稳定的大气状态下会产生大面积的积雨云，这些积雨云又会引发持续旋转的上升气流。当上升气流接触陆地表面时，就会产生龙卷风。

影像提供 / Science Photo Library、Aflo

雷

▼ 雷是自然界中最常见的电荷分离后的放电现象，然而关于它的详细作用原理，人类仍然没有探求到。

出处 / NASA

科学世界
DORAEMON SCIENCE WORLD

百变天气放映机

漫画 [日]藤子·F·不二雄
编写 [日]日本小学馆
日文版审订 [日]Fujiko Pro [日]大西将德
编译 吕影

吉林美术出版社 | 全国百佳图书出版单位

百变天气放映机

哆啦A梦科学世界

目录

刊头彩页

水与大气是形成气象的原因
光与水共同缔造的自然艺术
侵袭地表的惊人力量

前言
关于这本书 …… 4

漫画 液气素 …… 5
气候现象来自三大要素
水蒸气是如何变成云的？
湿度百分之五十代表什么？

漫画 逃离地球计划 …… 14
肉眼看不见的大气究竟是什么？
空气之间会相互挤压吗？
人类的生存离不开大气？

…… 16 18 20 30 32 34

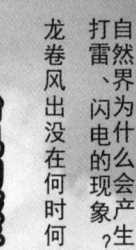

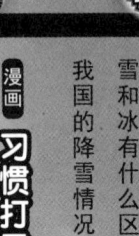

漫画 三月雪 …… 89
雪和冰有什么区别？
我国的降雪情况 …… 100 102

漫画 习惯打雷 …… 104
自然界为什么会产生打雷、闪电的现象？
龙卷风出没在何时何地？ …… 108 110

漫画 台风的孩子 …… 112
寻找台风的"老家"
台风是如何形成的？
台风为什么侵袭我们？ …… 121 122 124

漫画 日本变大了 …… 126
海洋变化真的会影响到地球的整体气候吗？
"圣婴现象"会引发哪些异常气候？
黑潮并不黑 …… 140 142 144

漫画 空气转换卫星 …… 145
全球气候差异极大 …… 154

漫画 爱斯基摩奶瓶

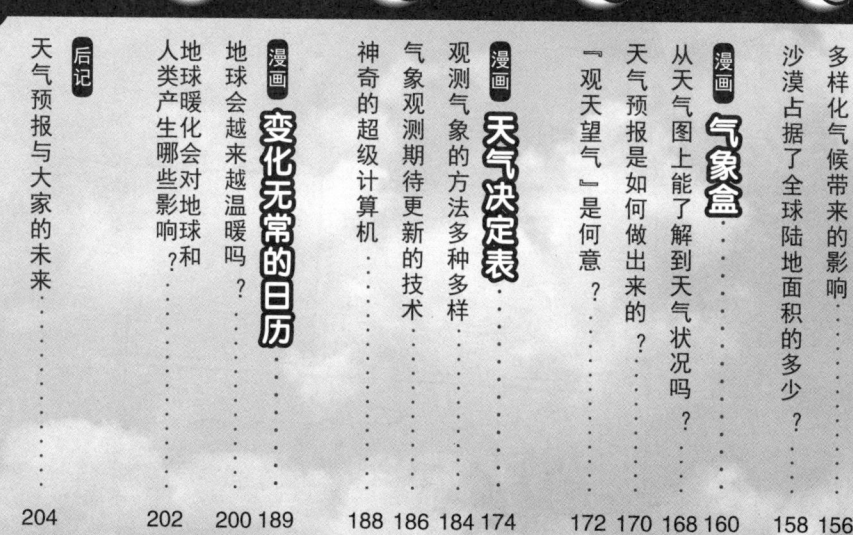

太阳让地球有了丰富的气候变化 ………………… 35

地球为什么会变暖、变冷？ ………………… 44

太阳的活动、变化深刻影响着地球气温 ………………… 46

关于风你了解多少？ ………………… 48

漫画 迷你热气球 ………………… 49

风是怎样形成的？ ………………… 59

大气是如何在地球上空"大迁徙"的？ ………………… 60

你知道雾、霾、霭的区别吗？ ………………… 62

云的形状是由上升气流和水蒸气的含量决定的 ………………… 64

漫画 云彩游戏 ………………… 71

云是怎样形成的？ ………………… 72

漫画 云中游泳池 ………………… 74

云是怎样变成雨的？ ………………… 75

为什么降雨方式会大不相同？ ………………… 85

谁是气象灾害的元凶？ ………………… 86 88

多样化气候带来的影响 ………………… 156

沙漠占据了全球陆地面积的多少？ ………………… 158

漫画 气象盒 ………………… 160

从天气图上能了解到天气状况吗？ ………………… 168

天气预报是如何做出来的？ ………………… 170

"观天望气"是何意？ ………………… 172

漫画 天气决定表 ………………… 174

观测气象的方法多种多样 ………………… 184

气象观测期待更新的技术 ………………… 186

神奇的超级计算机 ………………… 188

漫画 变化无常的日历 ………………… 189

地球会越来越温暖吗？ ………………… 200

地球暖化会对地球和人类产生哪些影响？ ………………… 202

后记 ………………… 204

天气预报与大家的未来

关于这本书

  在这本漫画中,你可以了解到一个个有趣又有料的科学原理,它将激发你对科学的探求欲。在知识板块中,你将看到全面的、丰富的科学依据,这些理论看似很难懂,但我们将会以最简单易懂的形式去呈现它。在漫画和解说的有效结合下,你就能更充分地了解跟我们人类生产生活紧密相关的气象知识了。

  电视机里的《天气预报》节目每天都会为我们播报最新的天气状况,你生活的地方将艳阳高照,而你朋友生活的地方可能会在一天的某一时刻突降暴雨。《天气预报》里所播报的每一个地方都会出现其特有的天气状况,但这并不能表示那些没有在节目里出现的地方就不会发生天气变化。地球上任何一个地方的气候变化都会受到其他地方天气变化的影响,"牵一发而动全身"这句话用在这里再合适不过了。

  希望大家通过本书,可以更加了解地球上的各种气象变化,并发现其背后的秘密。当然,我们也希望大家在学习过后,更懂得去深入思考这样一个问题:如何保护地球环境?

  好了,"寻宝时间"已到,请在接下来的精彩内容中寻找你所期待的宝藏吧!

※ 本书中未特别说明的数据,均为截至2014年8月的信息。

液气素

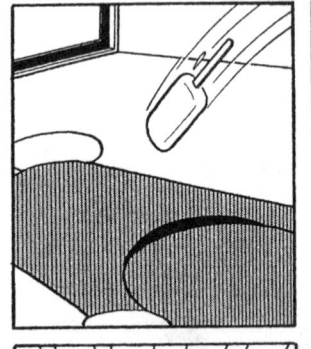

A 真的。据说是由十八世纪时的某位瑞士科学家发明的。

百变天气放映机 Q&A

Q 百叶箱里没有以下哪种物品？① 温度计。② 湿度计。③ 风速计。

8

A ③风速计。百叶箱里的仪器主要是用来测量温度和湿度的。

A 真的。在气压低的地方，水的沸点也会随之变低。

插图 / 佐藤谕

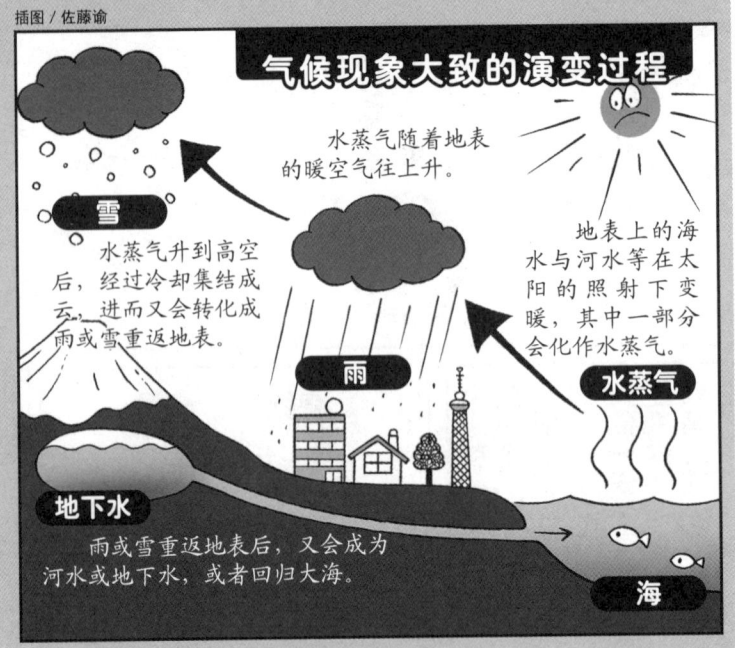

气候现象来自三大要素

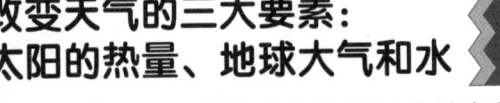

改变天气的三大要素：太阳的热量、地球大气和水

刮风、下雨、多云……我们身边的天气总是变化多端。阅读完这本书，你将会了解那些有关气象变化的秘密。

不过，在探究引起气候变化的法则之前，你必须首先要明确一点：太阳、地球大气和水是引发地球气候现象变化的三大要素。太阳普照大地，将热量赐予海洋和地表，使空气变暖然后逐渐上升；同时，位于高空中的冷空气重量较重，因此它会自然而然地往下沉。你所感受到的风正是在空气这样的上下涌动交互中形成的。

海水和河水在太阳的照射下变暖，所形成的水蒸气会在暖空气的包裹下一同升腾。当水蒸气升腾到高空跟冷空气相遇后，又会冷却凝结成水滴或冰晶，然后这些水滴或冰晶彼此环抱在一处变成云，再变成雨或雪重返地表。

现在你应该明白，为什么太阳、地球大气和水对气象变化那么重要了吧？

14

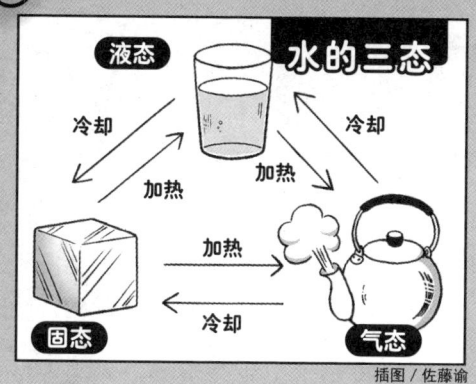

插图/佐藤谕

水会随着温度的变化而改变形态

大家应该都知道,水有三种形态,分别是固态(冰)、液态(水)和气态(水蒸气)。其实,地球上的物质几乎都具有这三种形态,只不过它们中的大多数只有在极度高温或极度低温的条件下,才会呈现出不同的形态。

与其他物质不同的是,水更容易在这三种形态之间来回转换。在我们平常生活的环境中,决定水转换形态的最重要因素就是温度。一般来说,当温度在0℃以下时,水以固态(冰)的形式存在;当温度在0℃~100℃之间时,水以液态(即常见的水)的形式存在;当温度升高到100℃以上时,水就变成了气态(水蒸气)。

然而事实上,水往往会在还不到100℃(99.974℃)的时候就已经变成水蒸气了。在被加热的过程中,水里的水分子会变得活跃起来,这样导致的结果就是这些水分子很容易挣脱水的怀抱,升腾到空气中。想一想,当妈妈把衣服晾晒在太阳底下时,是不是很容易变干?你在浴室里洗澡的时候,周围是否总是弥漫着热腾腾的水汽?造成这些现象的原因,就是那些经过加热变得异常活跃的水分子"跑"了出来。

请仔细观察下方水的三态分子示意图。从这三幅图中我们不难发现,水在固态状态下,水分子相互连接在一块儿,看上去像是静止在那里一样;当水转化成液态时,水分子纷纷切断各自间的联系,在拥挤的空间里能够自由活动;当处于气态时,水分子的活动区域就变得十分广阔了。

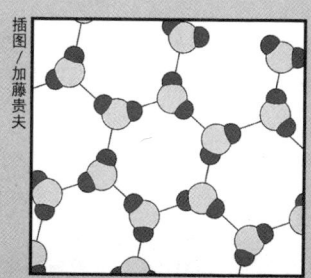
▲ 固态下的水分子状态

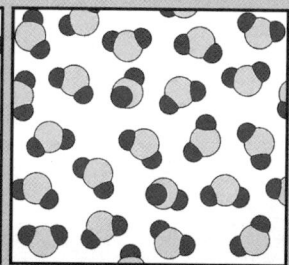
▲ 液态下的水分子状态

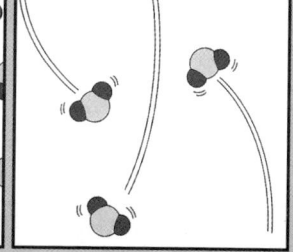
▲ 气态下的水分子状态

插图/加藤贵夫

 **水蒸气跟随空气上升，冷却后变成云**

在了解了改变天气的三大要素和水的三态之后，我们来探究一下水蒸气是如何变成云的。水蒸气一般存在于接近地表的暖空气中，暖空气会随着上升气流一起上升（详见第59页的说明）。高空气压低于地表气压，气压越低代表空气之间互相挤压的力道越弱。

当外来的挤压力慢慢变弱，上升的空气就会开始膨胀。在"绝热膨胀"原理（详见下页说明）的作用下，水蒸气会随着气温下降而聚集在灰尘微粒上，形成云凝结核，当越来越多的云凝结核聚集在一起时，就会形成云。

云凝结核又会分成水滴和冰晶两种，至于到底是形成水滴还是冰晶，那就要看温度了。如果温度高于0℃，所形成的云就是水滴状的；如果温度低于0℃，那所形成的云就含有大量的冰晶。你也可以这样理解：云的下层由水滴组成，上层由冰晶组成。

水蒸气是如何变成云的？

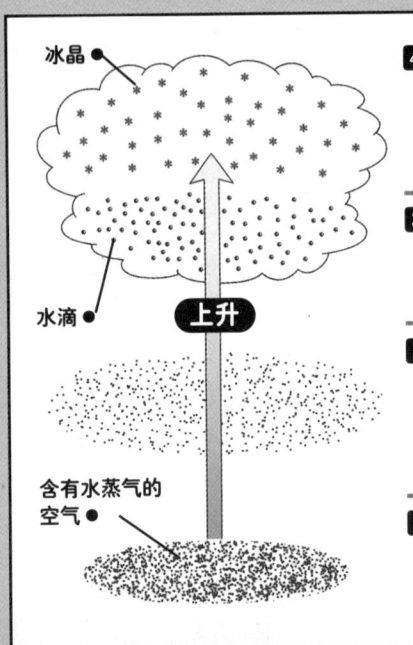

4 云随着气流继续上升，当气温降到0℃以下时，云里就会含有比较多的冰晶。

3 在降温的过程中，水蒸气变为小水滴，然后又聚在一起形成云。

2 上升过程中，气压越来越低，在"绝热膨胀"原理的作用下，含有水蒸气的空气随即降温。

1 在临近地表处，被上升的气流卷带着，含有水蒸气的空气不断往上升。

插图 / 加藤贵夫

16

绝热膨胀致使高空中的空气渐渐冷却

上升中的空气会变冷，高空温度低只是其中一个原因，起主要作用的因素是绝热膨胀。请一定要仔细看下面这些关于绝热膨胀的说明。

绝热膨胀的原理是：气压下降，导致空气膨胀，这时那些流动着的空气分子就会挤压外部的空气，这个过程必然会耗费能量，使原有的运动能量减少；分子运动能量的多或少决定了物质本身的温度，如果分子运动能量变少，温度自然会下降。

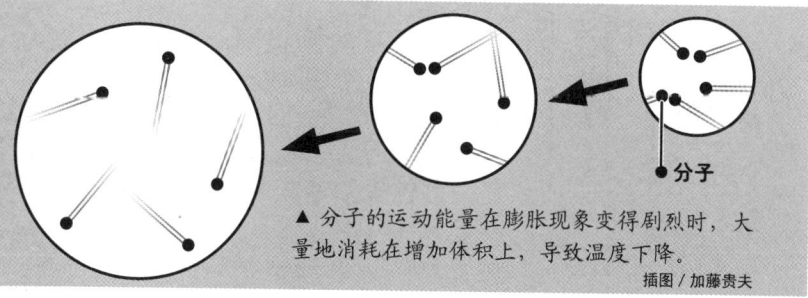

▲ 分子的运动能量在膨胀现象变得剧烈时，大量地消耗在增加体积上，导致温度下降。

插图 / 加藤贵夫

水为什么能预防海水冻结？

在众多物质中，水是最常见也是最特别的，它可以在固体、液体和气体间自由转化，结冰后体积会比液体的大（其他物质的固体体积几乎都比液态体积小）。冰为什么会浮在水面上呢？那恰恰是因为冰比水的体积大，物质的体积变大，密度就会相对变小，重量变轻。如果冰比水重，又会产生怎样的结果呢？有一种学说认为，那样一来，海底将会先变成冰原，然后整个海洋会变成巨型冰块。不过你需要知道的是，影响地球气候的因素比较多，很难确定地说海水是不是真的会结冰。假使这种学说是正确的，包括我们人类在内的多种生命又怎能在地球上被孕育出来呢？

插图 / 佐藤谕

空气中的水蒸气含量有其极限

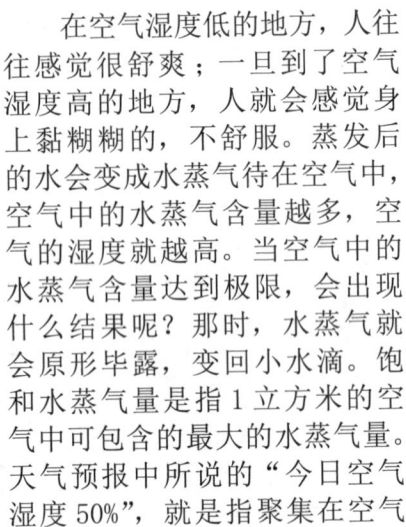

在空气湿度低的地方,人往往感觉很舒爽;一旦到了空气湿度高的地方,人就会感觉身上黏糊糊的,不舒服。蒸发后的水会变成水蒸气待在空气中,空气中的水蒸气含量越多,空气的湿度就越高。当空气中的水蒸气含量达到极限,会出现什么结果呢?那时,水蒸气就会原形毕露,变回小水滴。饱和水蒸气量是指1立方米的空气中可包含的最大的水蒸气量。天气预报中所说的"今日空气湿度50%",就是指聚集在空气中的水蒸气量是饱和水蒸气量的50%。

当气温越来越高时,空气中所能容纳的水蒸气的含量也会随之增多,所以说,饱和水蒸气量的增减取决于气温的高低变化。

你知道装了冰水的玻璃杯外面为什么会有水滴吗?原因很简单:越靠近玻璃杯的空气温度越低,这就会使附近的水蒸气变成小水滴。同理,你应该也就能理解为什么上升的空气会变成云了。在温度较低的高空中,冷空气的水蒸气饱和量也会随之降低,这样一来,水蒸气自然就会变成小水滴(云凝结核)了。

▲ 空气变冷之后,水蒸气饱和量会随之降低,使得水蒸气重新变回水滴。

插图/加藤贵夫

湿度百分之五十代表什么?

相对湿度的计算方式

湿度可以通过下面这个算式来计算。饱和水蒸气量会因温度改变而增减,所以在计算时,一定要测量气温以及空气中的实际水蒸气量才可以得到相对精确的数值。

$$相对湿度 = \frac{实际水蒸气量}{该温度下的饱和水蒸气量} \times 100$$

百变天气放映机

为什么气温高而湿度低的环境能让人觉得凉爽？

我国的台湾四面临海，而且处于热带和亚热带地区，所以一年四季都非常闷热（闷热是指气温高而湿度高的状态）。可比较起来，其他一些温度跟台湾差不多的地方，因为湿度要低一些，所以人待在那里就会感觉要比待在台湾舒适一些。

在含水量较高的空气环境下，虽然温度也很高，但人往往不容易出现汗流浃背的状况，可是在湿度低的环境中，汗水就会不断蒸发。汗水在蒸发时将从人的肌肤上带走一部分热气，利用这种能量蒸发（汽化热现象），出汗的人就会感觉到一丝丝凉爽。

插图/佐藤谕

什么是不适指数？

不适指数	
指数	状态
54 以下	寒冷
55 ~ 59	有点儿凉
60 ~ 64	没什么感觉
65 ~ 74	舒适
70 左右	非常舒适
75 ~ 79	有点儿热
80 ~ 84	热得出汗
85 以上	热得难以忍受

※不适指数计算公式之一：
0.81T+0.01U（0.99T-14.3）+46.3
（T表示温度，U表示湿度）

不适指数最早于 20 世纪 50 年代出现在美国，是以具体数字的形式呈现环境闷热度的方式。只要将气温和湿度放入某个计算公式中即可算出数值。因为这个计算不会考虑风这一因素（风速每秒增加 1 米，体感温度约下降 1℃），所以不一定符合人类的真实体感，但依然可以作为参考数值。

对照左侧的表格我们可以知道，如果指数超过 80，人就会热得出汗，感觉很不舒服。此数值是在气温 29℃、湿度 70% 的状态下计算出来的，处于那样的环境中时，人的确会感到闷热难耐。

逃离地球计划

Ⓐ ② 八十千米。在从地表到高空八十千米的这个范围内，大气的含氧比例是一样的，但再往高的地方，空气就变稀薄了。

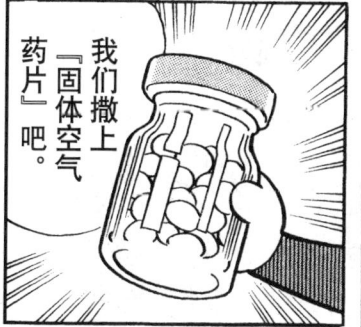

A 真的。因为蓝色光的波长很短，很容易被大气分子散射出来，因而才使天空呈蔚蓝色。

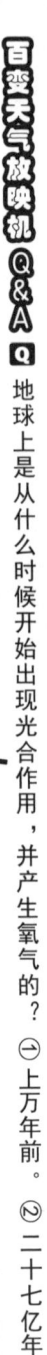

A ② 二十七亿年前。在二十七亿年前的化石中，科学家发现了叠层石，那是由能制造氧气的蓝绿菌遗留下来的。

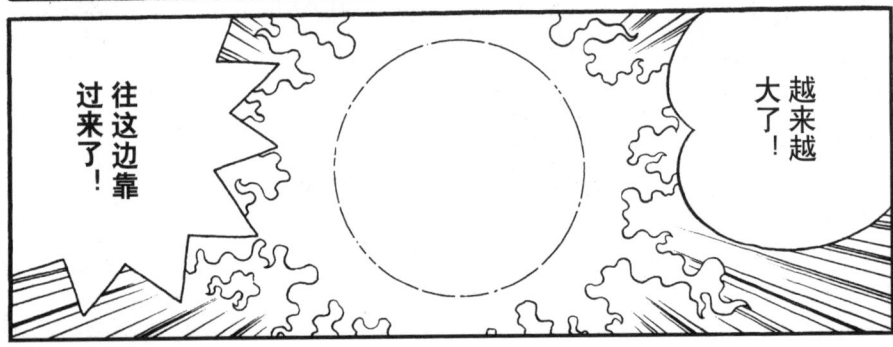

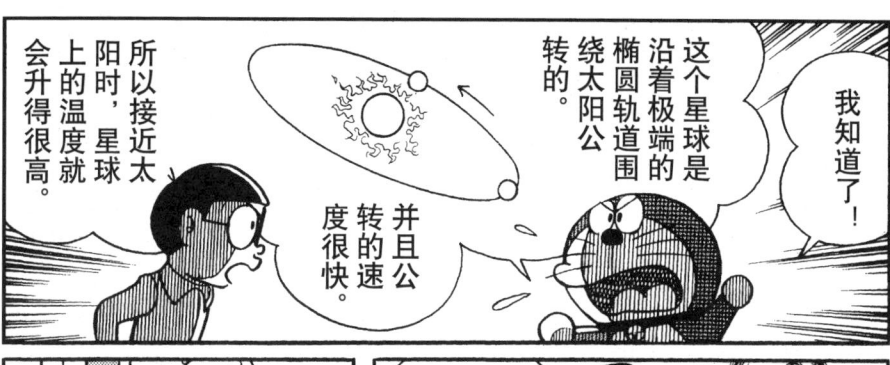

A 九月。南极上空的云会在冬季吸附臭氧和氯，每到九月（南极的初春时节），臭氧层的受损情况便最为严重。

插图/佐藤谕

大气是由哪些物质构成的？

地球上的空气并不是单一的气体，而是由氮、氧、二氧化碳等气体混合在一起形成的。因为空气会随着风和气流流动，所以那些比较重的气体并不会堆积在下方。这些气体（水蒸气除外）在 80 千米以下的高度区域内，浓度比例都是相同的。我们将覆盖在天体上的气体称为大气，其质地与地球上的空气一样，可地球大气的重量却高达 5300 兆吨。

大气对我们人类至关重要。假使让大气从地球上彻底消失，那么地球上的温度必将不再适合生物生存，地球上的生物也将无法呼吸，当然，风、云、雨、雪等各种各样的自然现象也无法再出现。

▲ 这就是水蒸气之外的大气成分构成示意图。这些气体混合在空气中，并不是图中所展示的分离的状态。

- 二氧化碳 0.04%
- 氩 0.9%
- 氧 21%
- 氮 78%

地球的天空有四层构造？

登山的时候，你是否会觉得越往高处走气温就越低呢？这是因为地表的暖空气上升到高处时往往会膨胀变冷。但这并不是说随着高度的升高，气温一定会持续下降。当超过某一高度后，气温反而会随着高度的升高而上升。这就是我们要说的，地球的大气可以根据温度变化划分为 4 层。

对流层是指从地表到 11 千米左右高度的区域，在这个区域内，高度每上升 100 米，气温就降低 0.65℃。80% 的大气都聚集在对流层里，我们常能看到的雨、雪、雷等自然现象也多发生在这里。

平流层是指对流层向上至 50 千米处，在这里，气温会随着高度的升高而上升。平流层中几乎没有风，也没什么气流，状态十分稳定，所以喷气式飞机时常会在这个高度飞行。此外，臭氧也多集中在平流层里，臭氧能将从外太空照射而来的紫外线阻截在平流层中。

臭氧对人类如此重要，却正在被人类研发出来的氟氯

肉眼看不见的大气究竟是什么？

30

百变天气放映机

插图 / 加藤贵夫

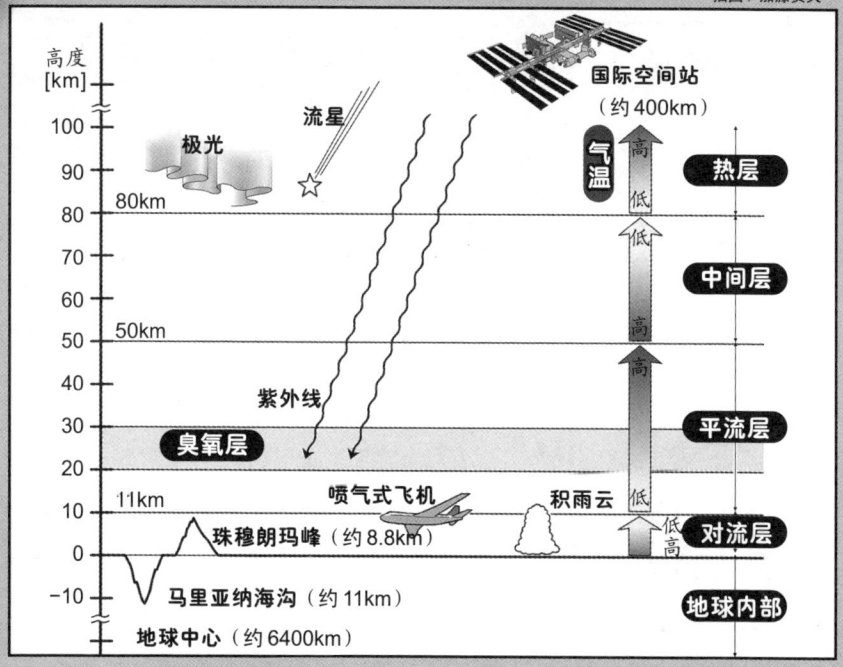

烃大肆破坏。为了保护臭氧层，各个国家都在想办法禁止使用氟氯烃，这也是每一个地球公民的责任。

中间层是指高度在50千米至80千米左右的区域，在这里，气温又恢复到随着高度上升而下降的状态。

热层是指高度在80千米以上的区域，在这一层中，高度越高气温越高，大气已经十分稀薄。在高纬度地区，因热层中的氧原子、氮原子会与太空照射而来的辐射线产生反应，从而形成美丽的极光。

随着高度的继续上升，大气变得更加稀薄，不过，就连科学家也很难说出外太空与地球的界线到底在哪里。要是以太空旅行为基准的话，我们倒是可以把距离地表100千米以上的地方说成是外太空。

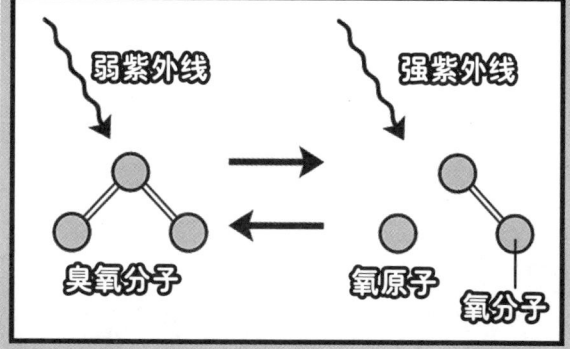

▼分子会在臭氧层分离、合并，不只能吸收强度较弱的紫外线，也能吸收强度较强的紫外线。

插图 / 加藤贵夫

31

空气之间会相互挤压吗？

气压的生成原理是什么？

◀ 如图所示，空气里的分子毫无规律地流动乱窜，等到与四周物体碰撞时就会产生力道。

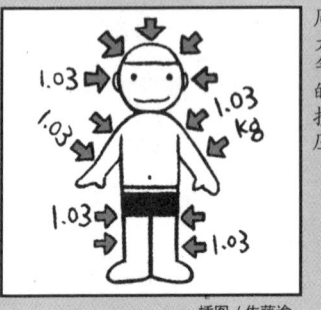

◀ 当人体处在一个压强的大气中时，会受到来自四周大气的挤压。

插图/佐藤谕

空气中的分子不断四处流窜，当它与旁边的其他物质发生碰撞后，自然就会形成挤压力。在气象学上，气压单位常常用百帕（hpa）来表示。气象学中的1个标准大气压是这样规定的：把温度为0℃，纬度45度海平面上的气压称为1个大气压（相当于1013.25百帕）。为什么我们生活在如此强大的压力之下，身体却并不会受到任何损伤呢？这是因为人体也在以相同的力度与气压相抗衡，抵消了那些压力。

低气压是指空气变暖、变轻，空气分子变得越来越少，气压随之下降的现象。低气压会使周围的空气往低气压处流动。而相对的，当空气变冷、变重，逐渐下沉的时候，就会形成高气压，使空气向外流动。

在不同的地形条件下，如平地、高山等地方，空气的加温方式也各不相同，一般的规律是：空气在接近地表处变暖，在到达高空时变冷。另外，很多地方也会同时产生高气压和低气压，这样更利于空气的自由流动。

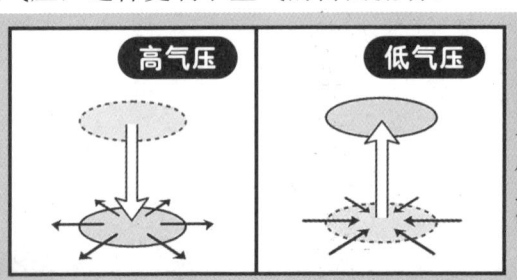

◀ 高气压状态下，空气会从高处下沉并四下流动；低气压状态下，空气在上升过程中会吸引四周空气涌入。

插图/加藤贵夫

32

影响亚洲的主要气压

地球上的陆地并不是一整块儿的形态，而是被海洋分隔成了七个大洲，分别为：亚洲、欧洲、南美洲、北美洲、非洲、大洋洲和南极洲。其中，我们所生活着的亚洲在所有大洲中面积最大，亚洲的东部被广阔的太平洋环绕着。知道了这一点之后，我们还要明白，陆地和海洋的热力性质是不同的：在夏季，陆地吸热快，海洋吸热慢，所以陆地上先热而海洋上后热；在冬季，陆地降温快，海洋降温慢，所以陆地上比海洋上更冷。正是因为以上这两点，才使得亚洲具有了明显的大陆性气候。而大陆性气候的形成，又得益于下面这些气压。

冬季时，西伯利亚高压会在西伯利亚、蒙古地区形成。西伯利亚高压的存在，强烈影响了亚洲东部地区，使得该地区冬季比同纬度地区更加寒冷。

西伯利亚高压大多生成于秋分至冬至之间，而太平洋高压则是常年存在的。太平洋高压是一个稳定、少动的暖性系统。夏季，太平洋高压十分强大，范围很广；冬季，太平洋高压减弱，范围缩小，多呈东西的扁长形存在。西太平洋高压直接控制着太平洋上台风的生成。

鄂霍次克海高压则是主要生成于夏季的高压，多集中出现在5月至7月，8月以后则逐渐消失。鄂霍次克海高压对亚洲夏季的气温和梅雨季节的到来都有显著影响。

此外，由于黑潮暖流流经日本和中国海域，使得该海域的温度要比陆地高，于是，温度比海面低的陆地区也会生成高气压。这个高气压会在西风带的牵引下移动，所以被称为"移动性高压"。由于移动性高压移动频繁，所以与3～5米高度上的气流有着密切的关系。

▶ 这四个高压深刻影响着亚洲地区的气候。

插图/加藤贵夫

西伯利亚高压
鄂霍次克海高压
移动性高压
太平洋高压

特别专栏：移动性高压会带来什么影响？

移动性高压多形成于我国的春秋两季，然后在附近海域生成温带低气压，低气压在西风的召唤和引导下，很快将光顾日本列岛。在低气压前往日本的过程中，会吸收掉一部分来自黑潮的热气和水蒸气，随即形成对流活跃、云层厚的状态，从而使日本在春秋两季呈现天气多变的状态。

人类的生存离不开大气？

插图／佐藤谕

正是因为有大气的覆盖，地球早晚温差才没有十分巨大。

大气对人类来说至关重要

我们的地球之所以能生机勃勃，首先得归功于覆盖在地球表面的大气，正是它们的默默守护，才让地球的昼夜温差保持在几十摄氏度以内。来自于太阳的光一接触到大气中的分子，就会向四面八方反射，从而给我们带来蓝天和夕阳等美丽的景致，而与万物生长息息相关的雨和云的形成也离不开大气中的水蒸气。

关于地球的天然卫星——月球，大家了解多少呢？我想应该是"月球上没有生命存在""月球昼夜温差特别大"等信息吧。从宇航资料中的月球照片我们能看到，月球与地球的一个明显差异就是：月球上没有大气层覆盖。正是由于没有大气层，月球才会在白天像个大蒸笼，到了晚上又像个大冰窖，昼夜温差达到将近300℃。

那是不是说只要拥有了大气，就能孕育生命呢？也不一定，这还跟大气的成分有关。比如金星的表面环绕着气压比地球高90倍的二氧化碳，就连云层也是由硫酸组成的，人体一旦接触到这些，后果将非常恐怖。

火星的大气成分也以二氧化碳居多，而且大气分量只有地球的0.6%，在那里，水会从固态直接变为气态。

现在，你是不是能更好地理解大气对我们人类的重要性了呢？有一点你应该知道，我们的地球也不是自诞生之后就是现在这个样子的，最早的时候，地球上也曾覆盖着300气压的水蒸气和10气压的二氧化碳，在后来的演化中，地球表面慢慢形成了海洋，又出现了能制造氧气的微生物，然后才逐渐形成了现在我们所知道的大气层。

▼从月球上看，地球是这个样子的。月球上没有大气，白天也能看得到外太空。

出处／NASA

34

爱斯基摩奶瓶

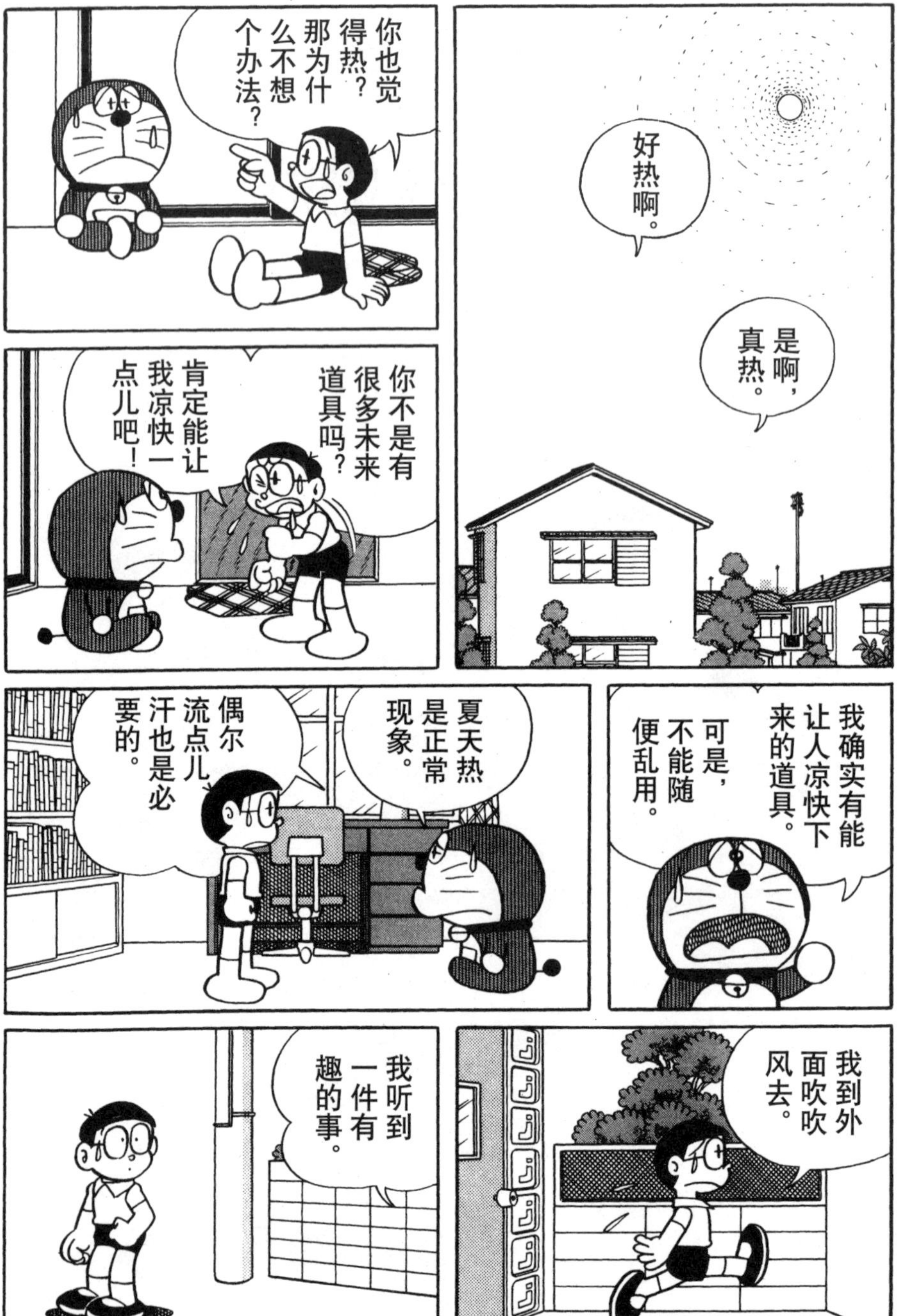

百变天气放映机Q&A

Q 以下哪种天气预报是真实存在的？①宇宙天气预报。②深海天气预报。

A （一）宇宙天气预报。太阳产生的磁暴会对通讯和航天器运行造成干扰，所以科学家们也时时监测着其活动状态。

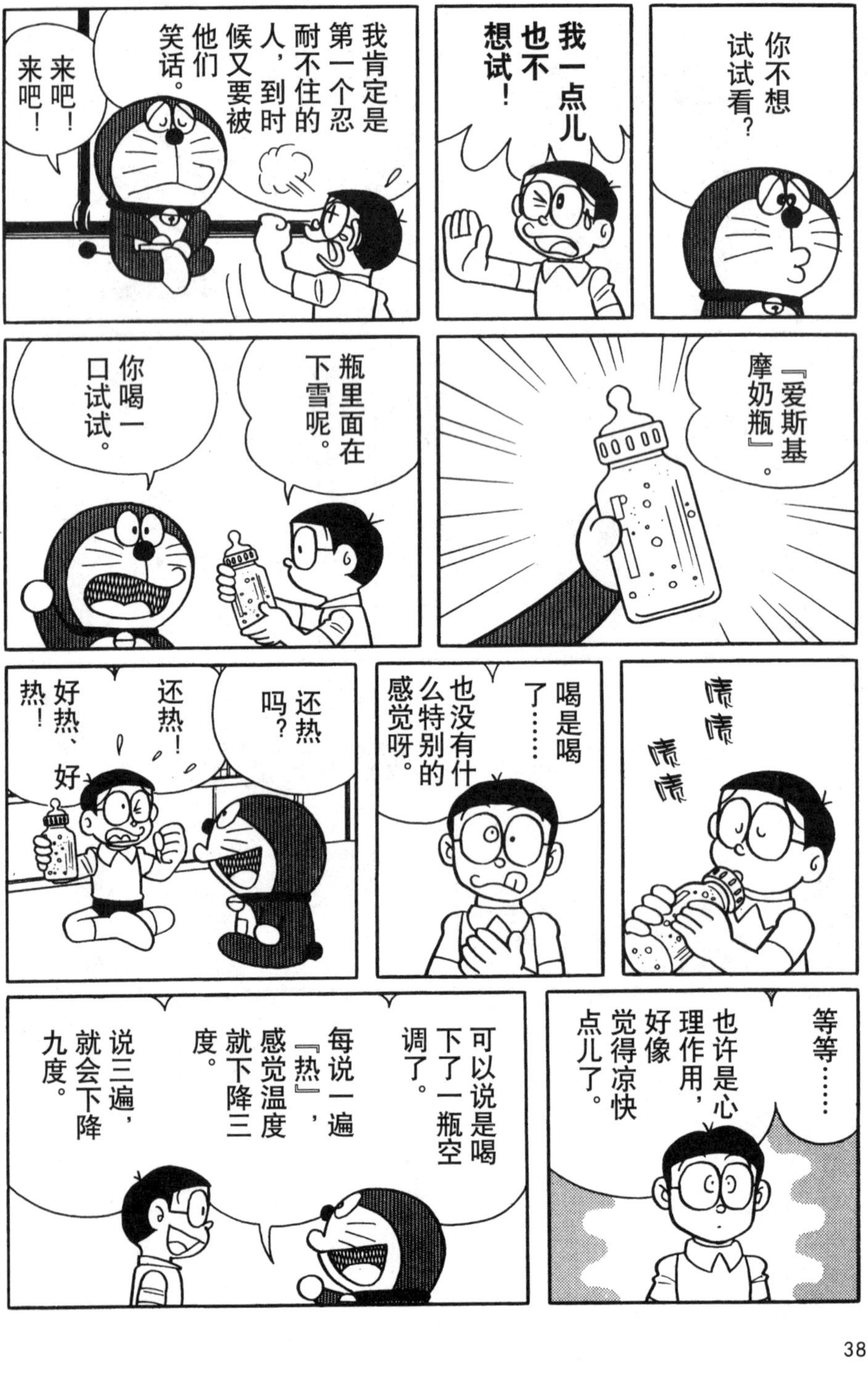

百变天气放映机 Q&A

Q 照射到地球上的阳光会在几十亿年后发生怎样的变化？①变弱。②没变化。③变强。

A ③变强。太阳将变得越来越大，它带来的热量将使地球蒸发掉更多的水分，从而变得更加干燥。

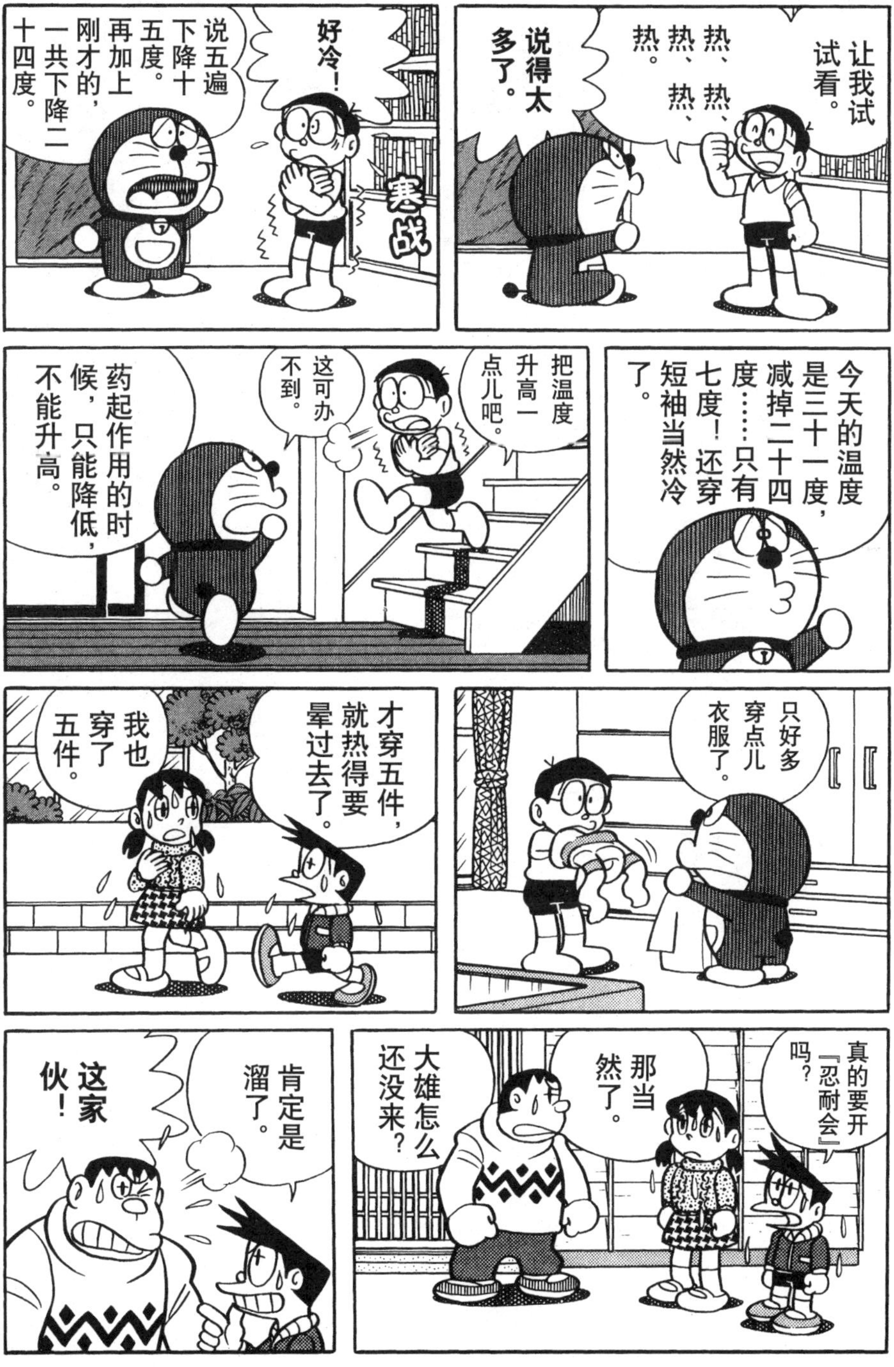

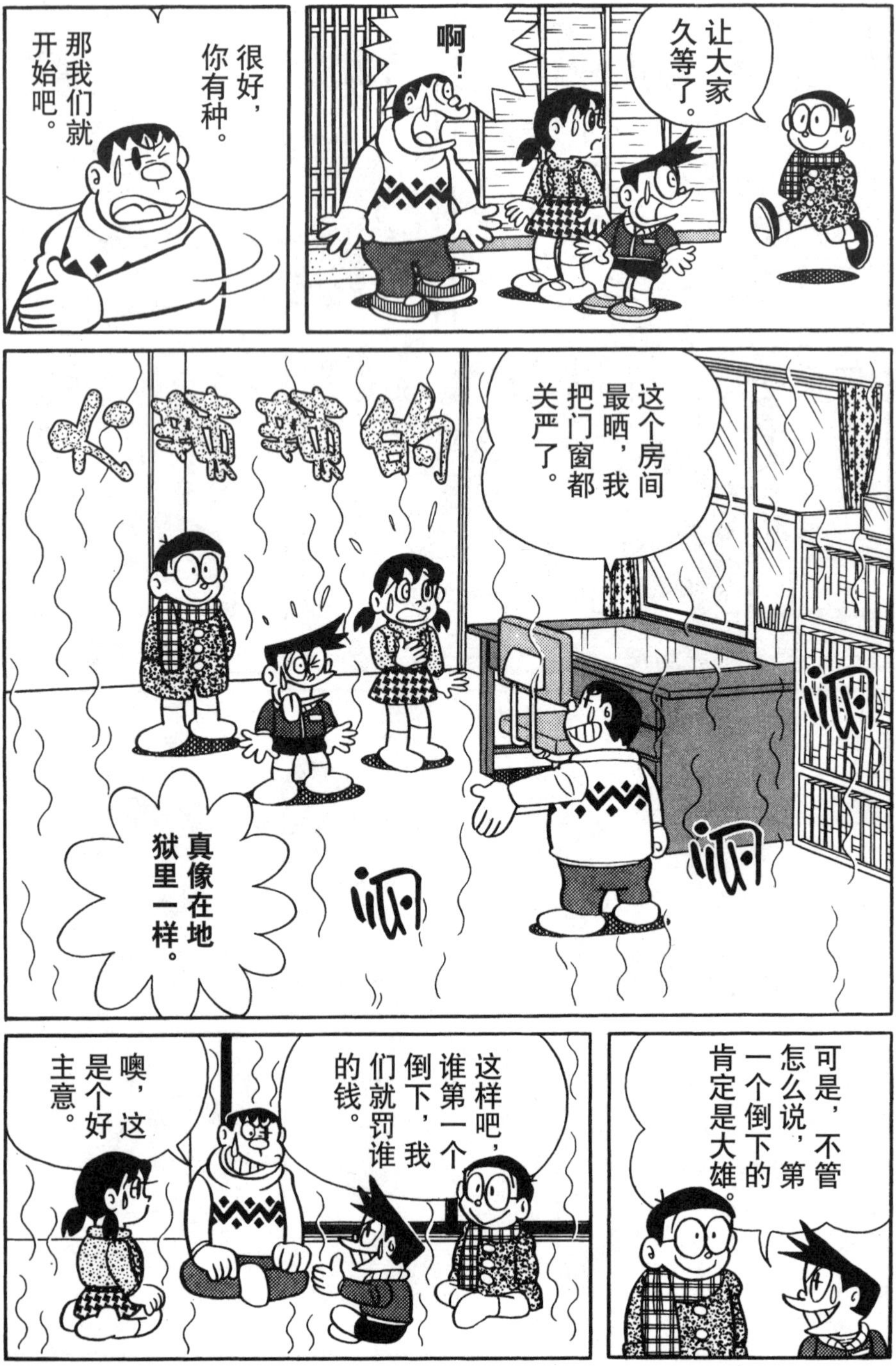

百变天气放映机Q&A

Q 哪种气候演变在地球上真实地出现过？①海水变淡水。②地球变雪球。③大气消失。

A ② 地球变雪球。科学家认为地球历史上曾三次出现过变成『雪球』的状态。

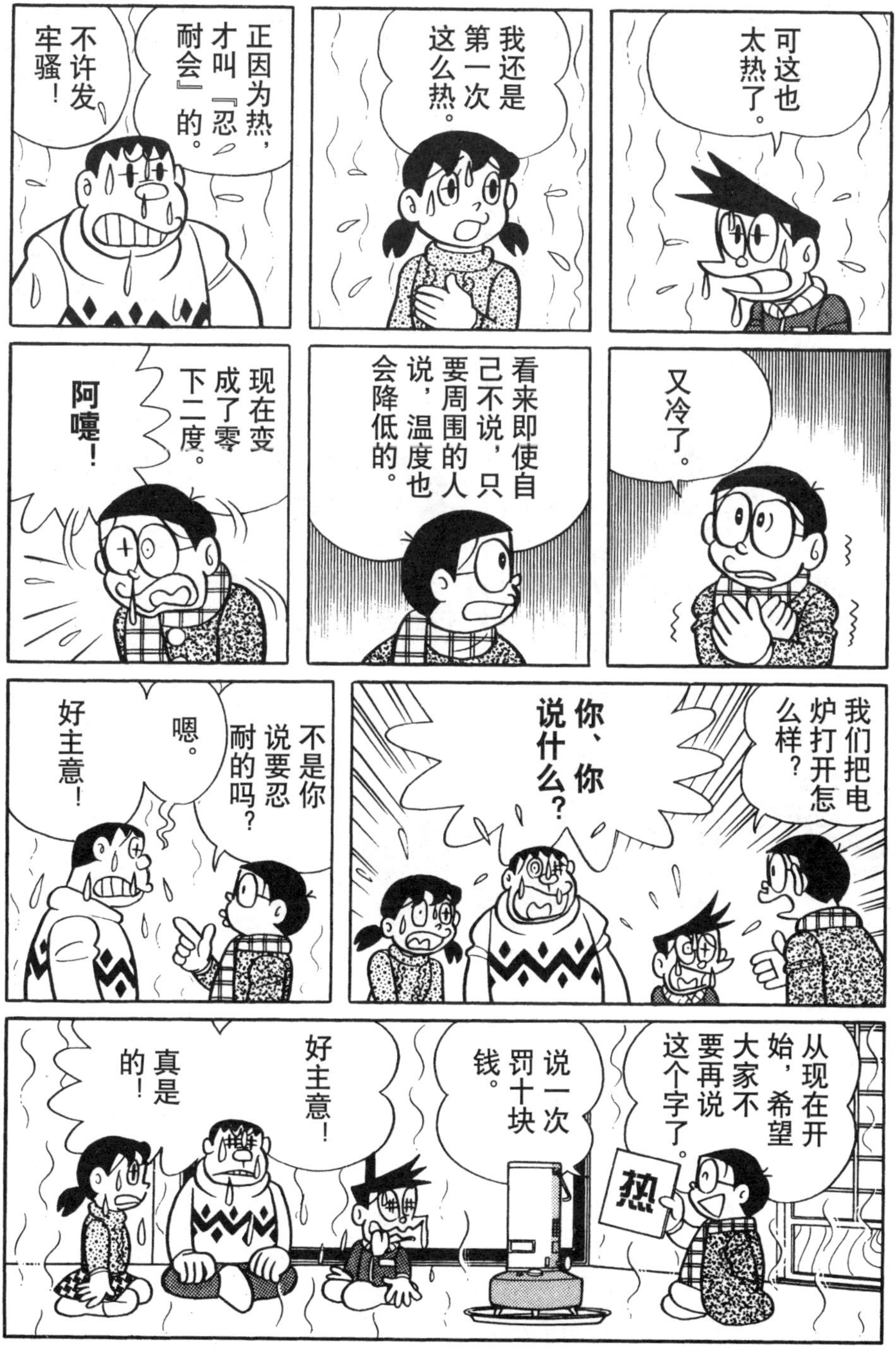

42

Ａ 真的。曾有人将拍摄于美国死亡谷国家公园里的煎荷包蛋的相关影像资料发布到了网上。

出处 / NASA

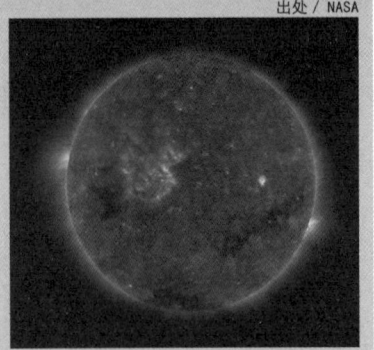

▲ 太阳是一个巨大的能量源，请看一看这张人造卫星拍摄的照片吧。

地球的能量来源于太阳

如果没有太阳，地球上就没有白天和黑夜的分别，人类也将无法繁衍生息。

我们都知道，植物的光合作用能给人类制造出生存所必需的氧气和碳水化合物。没有阳光的照射，光合作用自然无从谈起。

除了给予地球充足的能量，太阳还给我们居住的地球带来了风、洋流、云以及雨。

那么，你可能又会有这样一个疑问：太阳距离地球足足有1亿5000万千米，地球该具备怎样的属性，才能接收到来自遥远的太阳所散发出来的能量并加以运用呢？

能量其实就是太阳所释放出来的电磁波

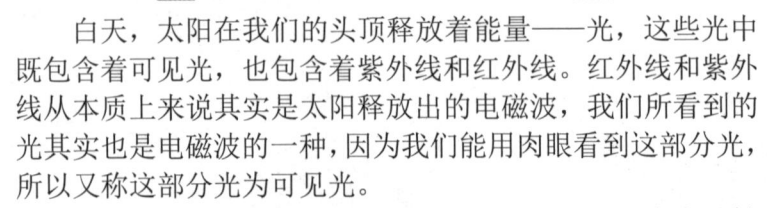

白天，太阳在我们的头顶释放着能量——光，这些光中既包含着可见光，也包含着紫外线和红外线。红外线和紫外线从本质上来说其实是太阳释放出的电磁波，我们所看到的光其实也是电磁波的一种，因为我们能用肉眼看到这部分光，所以又称这部分光为可见光。

当电磁波遇到某种物体时，它自身携带的能量会自动转化为热。举个例子吧，妈妈在厨房里烤面包时，站在烤箱旁边等着吃面包的你，是不是也觉得非常热呢？你所感受到的热，正是烤箱的红外线遇到你的身体后转化成的热能。另外，夏天强烈的日光中含有许多紫外线，紫外线所携带的能量比可见光要大得多，所以照射到皮肤上就会对人体细胞造成破坏，使人体皮肤处于晒伤状态，还会使皮肤变黑。

同样的道理也适用于"太阳距离地球那么远，为什么还会给地球带来热量"这个问题上。

太阳让地球有了丰富的气候变化

44

地球能量的收支状态

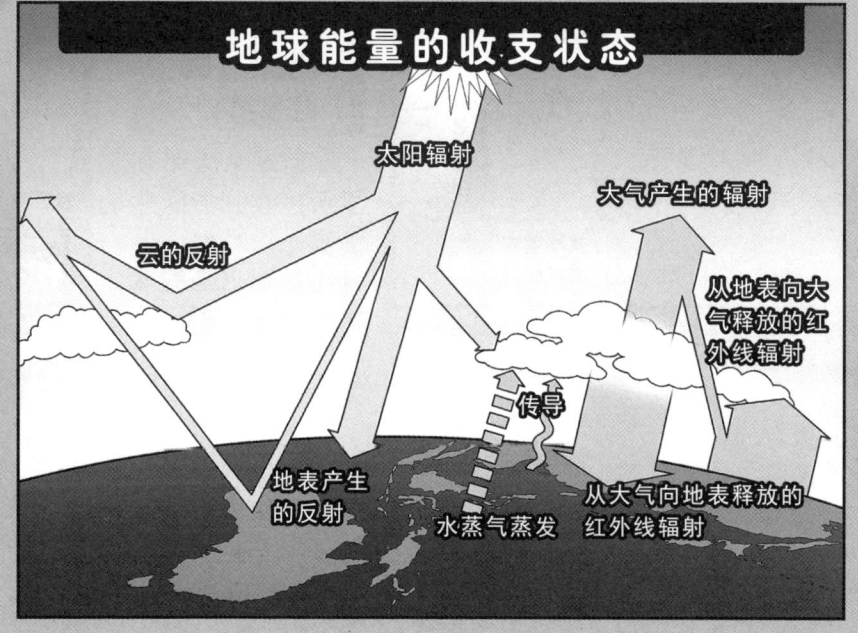

太阳辐射
云的反射
大气产生的辐射
从地表向大气释放的红外线辐射
传导
地表产生的反射
水蒸气蒸发
从大气向地表释放的红外线辐射

大气通过吸收红外线来维持地球气温

太阳释放出的电磁波到达地球后，地球的臭氧层会首先吸收掉其中大部分紫外线，而大气中的分子和云则主要负责吸收红外线。这样一来，能顺利到达地球表面的多数就为可见光了。

当可见光到达地表后，光在给地表带来温暖的同时，也会很快转化为红外线向外辐射，这样就能保证地球不会积攒下太多的能量，使地表得以维持一定的温度。

那么离开地表的那部分红外线会重返外太空吗？实际上，并没那么容易。那些红外线将再次被大气和云吸收。大气和云就相当于给地球搭建了一座温室，使得地表附近的温度不会很低。

大气像温室一样给地球保温

◀ 大气和云就像温室一样，会将照射进来的阳光热能锁在室内。

插图/佐藤谕

地球为什么会变暖、变冷？

地球形状带来了哪些影响

地球从太阳那里所接收到的能量多寡，以及地球自身所呈现出来的球状的外观，都使不同区域的冷暖存在差异，比如，南极和北极十分寒冷，而赤道地区就酷热异常。上面这幅图就直观地说明了赤道和南北极地区接收到的太阳光照的差异。

在赤道地区，太阳光是垂直通过大气的，距离最短，所以赤道及附近地区接收到的能量就多，而对于那些远离赤道的地方，太阳能量在抵达那里的过程中，需要穿过更远的大气距离，能量当然也就更容易散射掉或被其他物质吸收掉。

阳光照射方式的差异

▲ 如图所示，太阳照射到地球上的光线为平行线，北极地区接收到的能量明显比赤道少。

此外，阳光在南北极地区的入射角度较小，加上面积较广，所以能量就会变得十分分散。如左图所示，如果将照射到地球表面的阳光想象成等距离的线条，那么，入射角度越小，相同面积的区域所接收到的能量也就越少。

地球从太阳那里接收到的能量多少的变化，也造就了地球四季的更替。冬至是全年当中地球接受日照时间最短且太阳高度最低的一天，而夏至则是全年当中地球接受日照时间最长，且太阳高度最高的一天。

太阳高度（正午）

冬至 / 春分·秋分 / 夏至

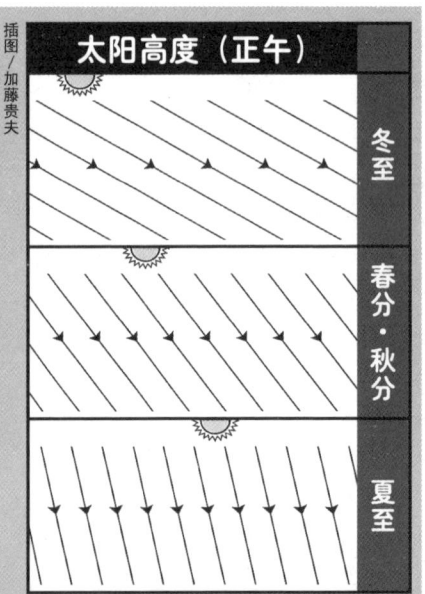

▲ 地球从太阳那里所接收到的能量变化，也影响了四季的更替。

46

百变天气放映机

插图/加藤贵夫

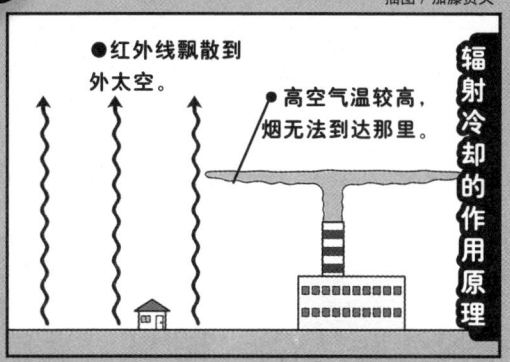

辐射冷却的作用原理

- 红外线飘散到外太空。
- 高空气温较高，烟无法到达那里。

▲ 红外线辐射使得地表附近的温度下降，低于高空温度。

为什么黎明时的气温比较低？

《天气预报》里总提示我们要注意早晚温差，为什么白天明明很温暖甚至有点儿热，到夜里气温却会骤降呢？

辐射冷却效应是造成这种温差变化的主要原因。辐射冷却又与地表的红外线辐射（请参看第45页内容）紧密相关。

白天时气温高，是因为地球接收到的能量远大于地表发散出的红外线辐射量。而日落西山后，地表非但不能继续吸收能量，从地表发散出去的红外线辐射量还变大了，这样一来气温就会持续下降，要等到第二天太阳照常升起时，地表温度才会逐步回升。

当大气中的水蒸气和云变少时，温室效应的作用就会降低，于是地表辐射出来的红外线便会飘到外太空中去。也正因为如此，当空气湿度低时，我们往往能看到星星在天空中闪烁。这种时候气温也会下降得更快。

沙漠地区的温差非常大，原因就在于那里很少下雨，空气十分干燥，大气这个温室就不能更好地为沙漠保温。在辐射冷却效应的作用下，那里的昼夜温差便比其他地方要大得多了。

特别专栏

什么是热浪？

热浪是指一个地区在一段时间内发生的超高温现象。一次热浪可能仅持续一天，也可能持续几周。

在炎热干燥的夏季，当高气压在一个地方驻留很长时间时，热浪便容易产生。

因为城市里的建筑物和道路吸收太阳辐射的能力比泥土、森林要强很多，且建筑物和道路吸收热量后又难以反射出去，所以城市中的热浪比乡村更加严重。

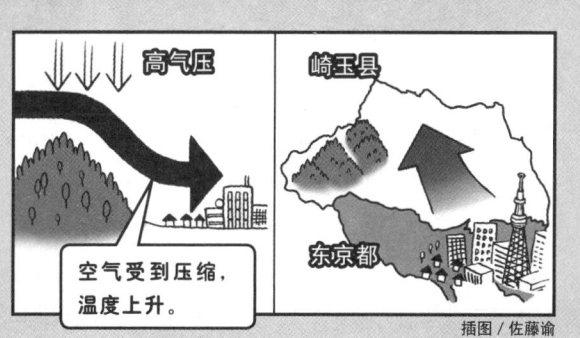

高气压 | 崎玉县 | 东京都

空气受到压缩，温度上升。

插图/佐藤谕

太阳的活动、变化深刻影响着地球气温

太阳随时都在变化

出处／NASA

▲这是太阳观测卫星SOHO观测到的太阳状态。从中可以看出太阳在短时期内随时都在变化。

地球的平均气温会在未来下降？

提到温室效应大家应该并不陌生，这些年来，人类的生产活动加剧了二氧化碳的排放，结果导致全球的平均气温不断升高，这已经不是什么新闻了。

空气中二氧化碳含量的不断增多，也使人们不由得担心：在未来，二氧化碳会导致地球气温继续上升吗？关于未来的气候，科学家们提出了各种不同的观点。

高悬在我们头顶的太阳看上去总是那么明亮，可实际上太阳的活动是有一些变化的。研究表明，太阳的活动力是从强变弱循环着的。科学家们习惯上会将太阳活动力较低的时期称为"极小期"。从17世纪流传下来的资料来看，当时地球就经历了湖泊河流结冰，冰川面积持续增长的极小期。历史上将那个时期称为"蒙德极小期"。

有研究表明，这样的极小期极有可能将会在几十年后重演，再次致使地球气温降低。不过，科学家也不能肯定地说，当极小期再次光顾地球时，气温一定会受到明显影响。

总之，影响地球气候变化的因素来自于各种自然现象，要想准确预测天气情况真的很难，我们只能寄希望于未来科技的蓬勃发展了。

地球在极小期会变冷？

插图／佐藤谕

▲据研究显示，"蒙德极小期"过后几十年，太阳活动会再次进入极小期。

迷你热气球

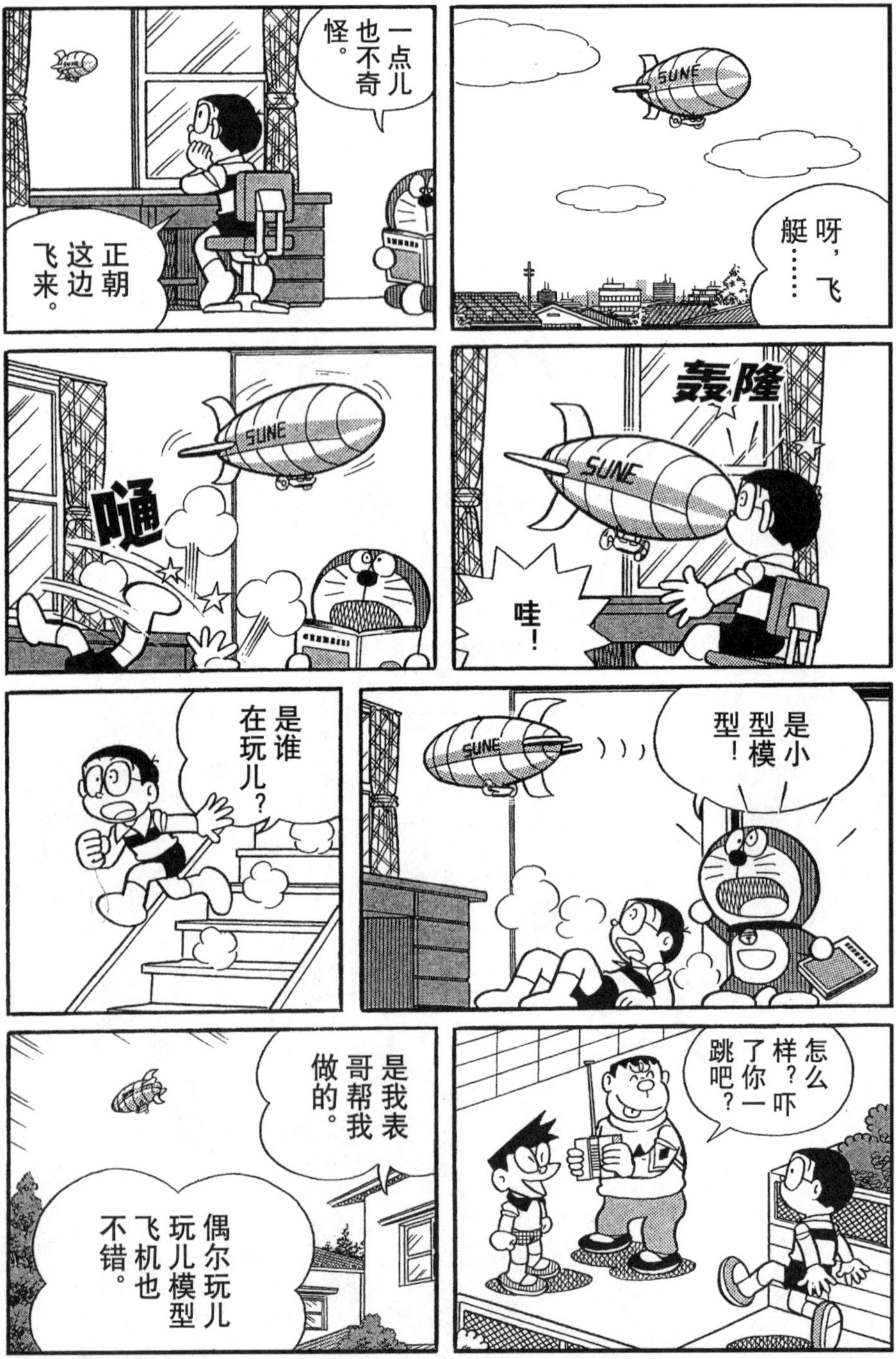

Q 我们每天所经历的时间长短都各不相同。这是真的吗？

A 真的。受大气、海洋分布变化、海水潮汐等因素的影响，我们过的每一天的时间长短都处于变化中。

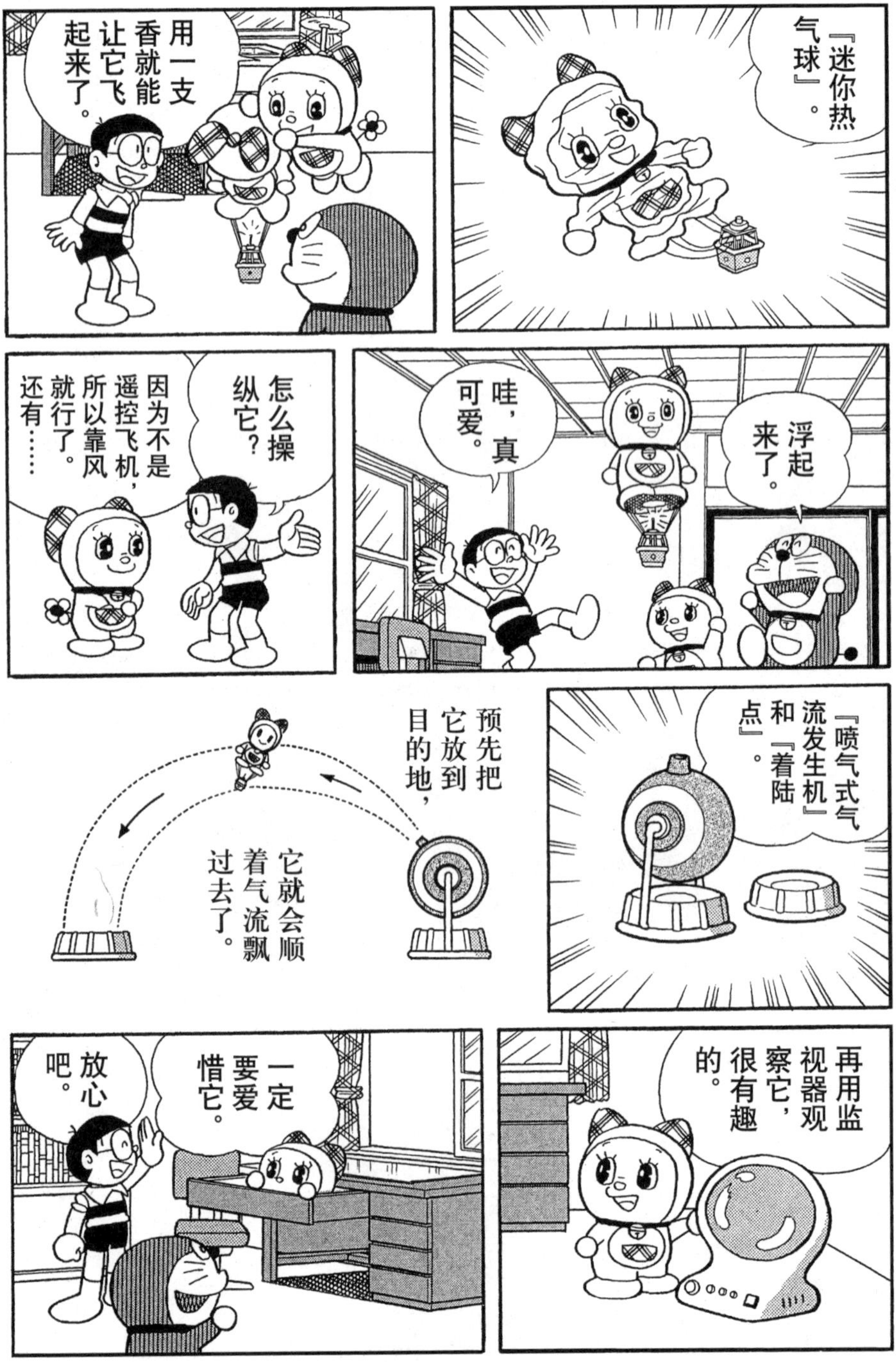

百变天气放映机Q&A

Q 地球诞生之初，大气是怎样形成的？①小行星剧烈撞击。②海水暴涨。③火山爆发。

A （一）小行星剧烈撞击。小行星当中含有的物质在撞击时形成气体并被释放了出来，于是地球上有了原始大气。

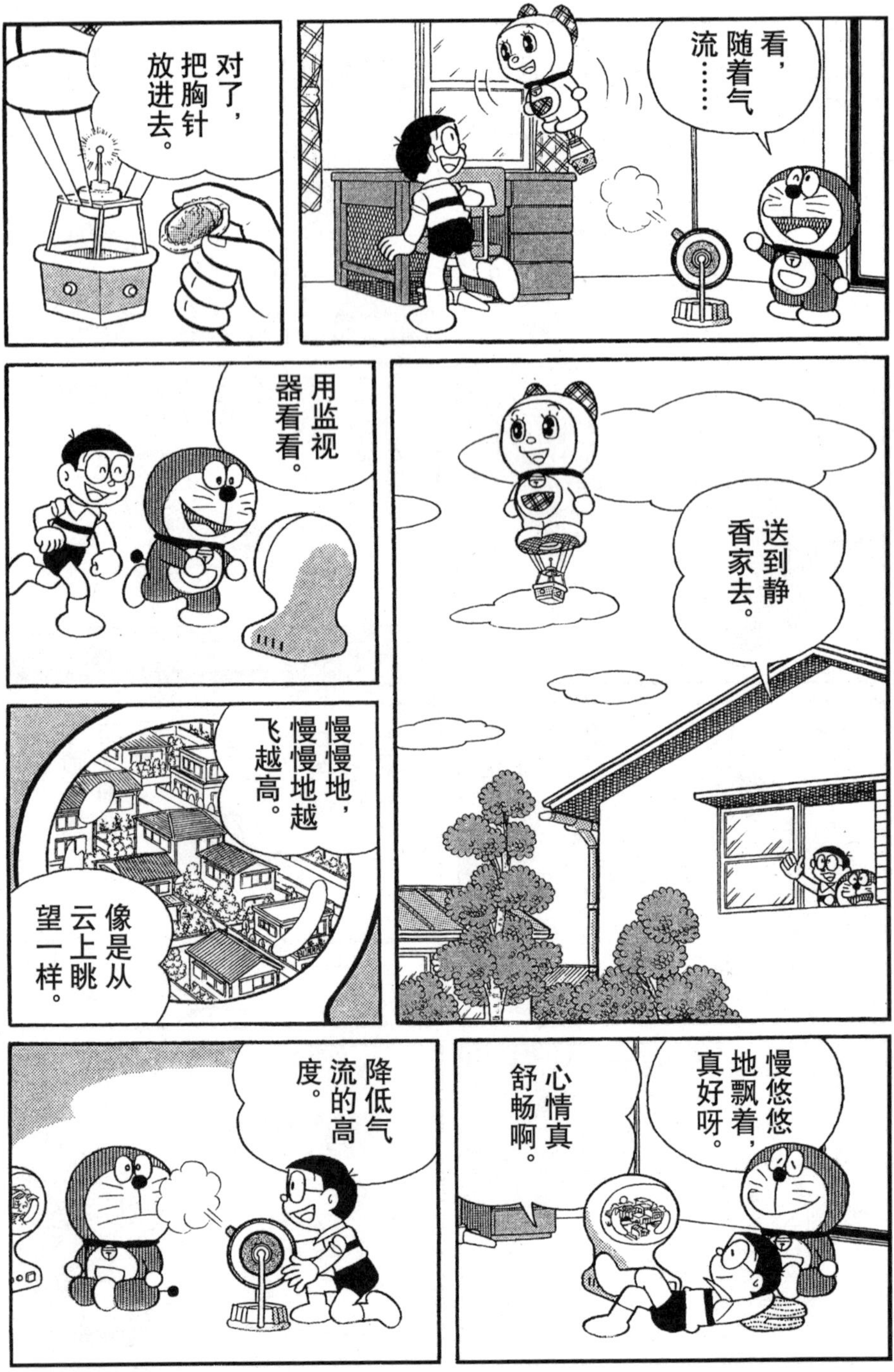

百变天气放映机Q&A

Q 金星的自转速度较慢，上面是不会出现秒速超过二十米的强风的。这是真的吗？

A 假的。据探测器捕捉到的结果显示，金星上刮过秒速达到一百米的狂风。

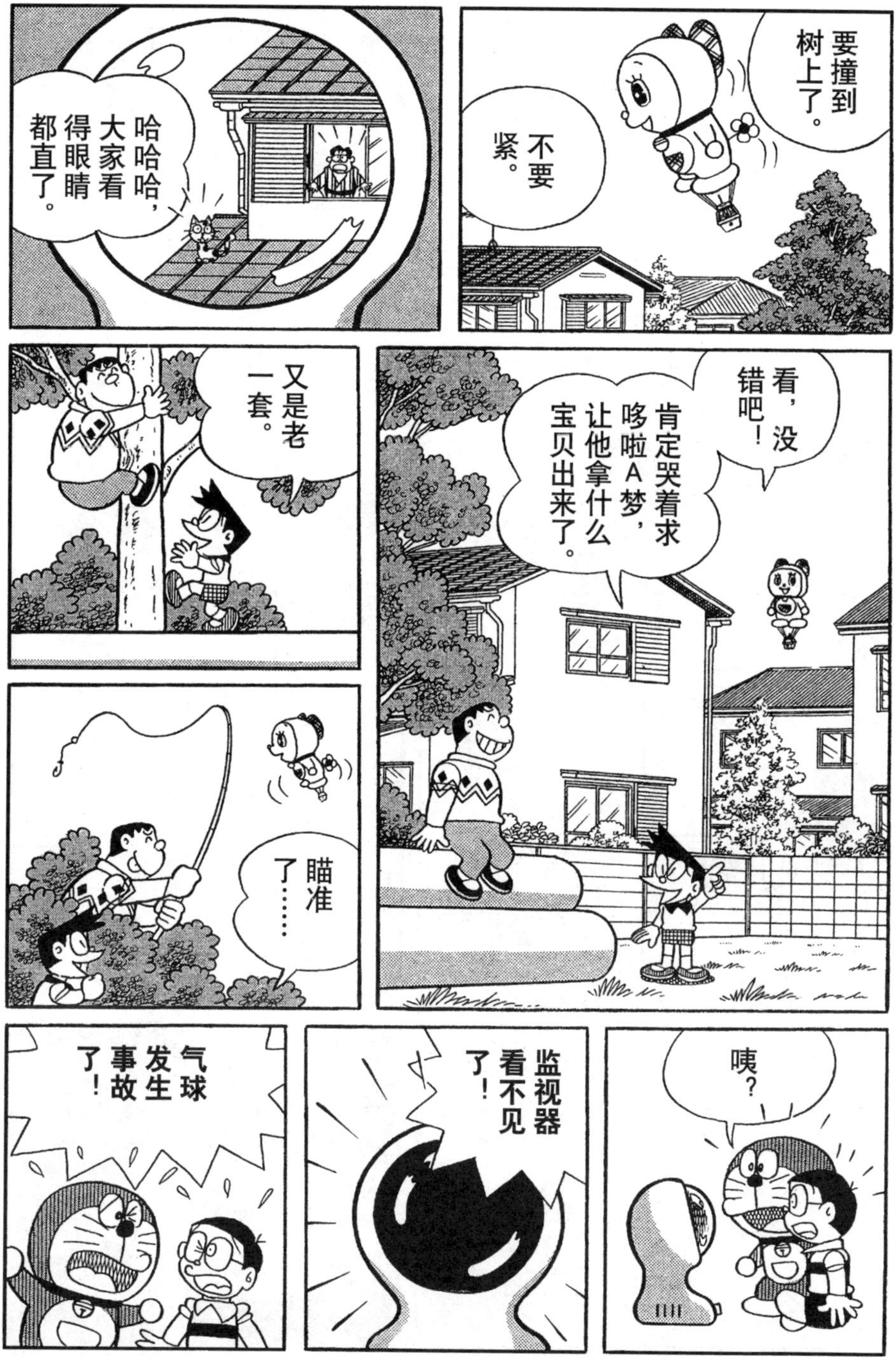

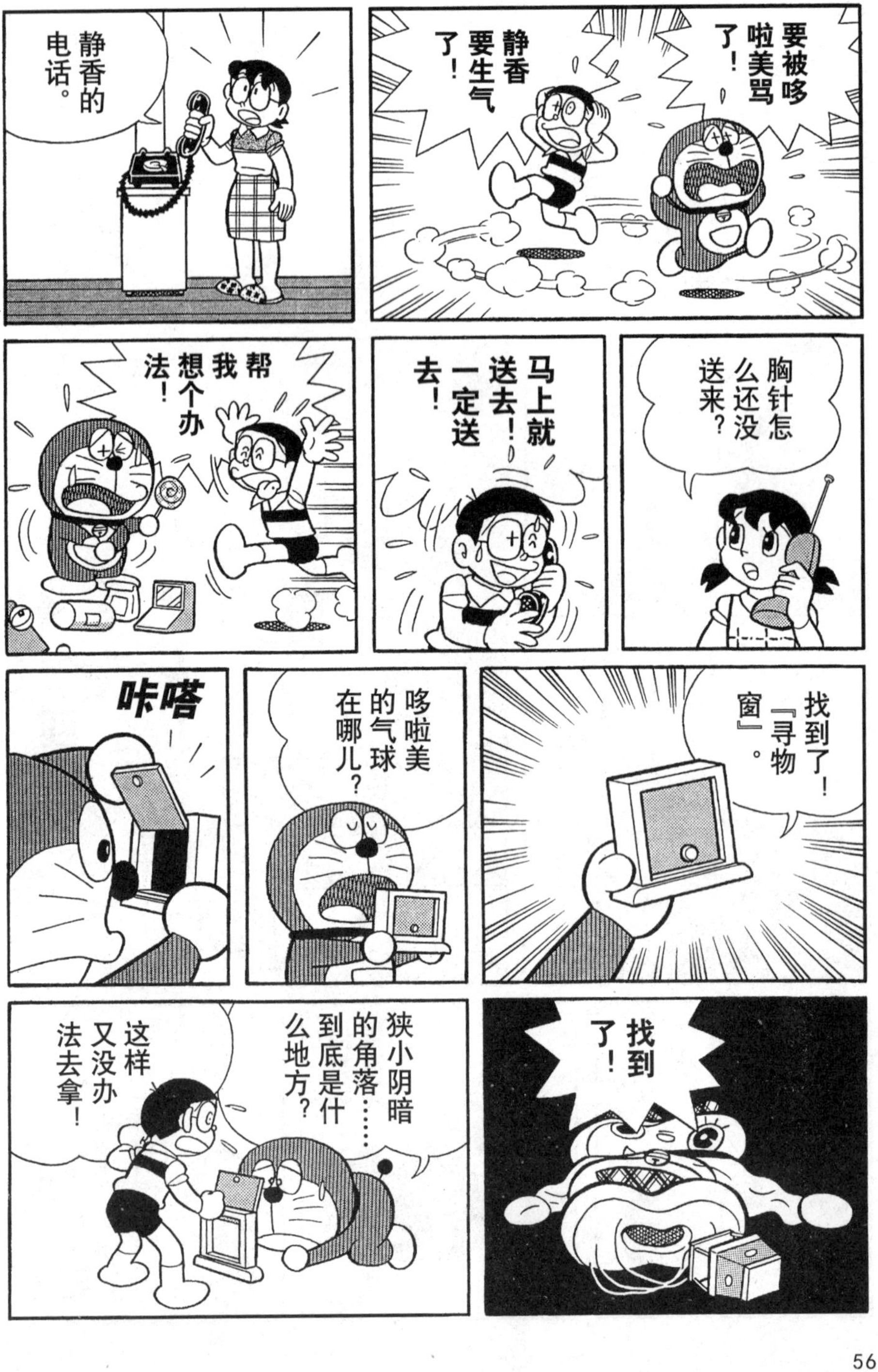

百变天气放映机Q&A

Q 在一条线上系上一个重物并使其摇晃，物体的摇晃轨迹会出现偏移。这种装置是什么？

A 傅科摆。这是用来证实地球自转的最简便的方法，受到科里奥利力的影响（详见第六十一页），单摆的摇晃轨迹会出现偏移。

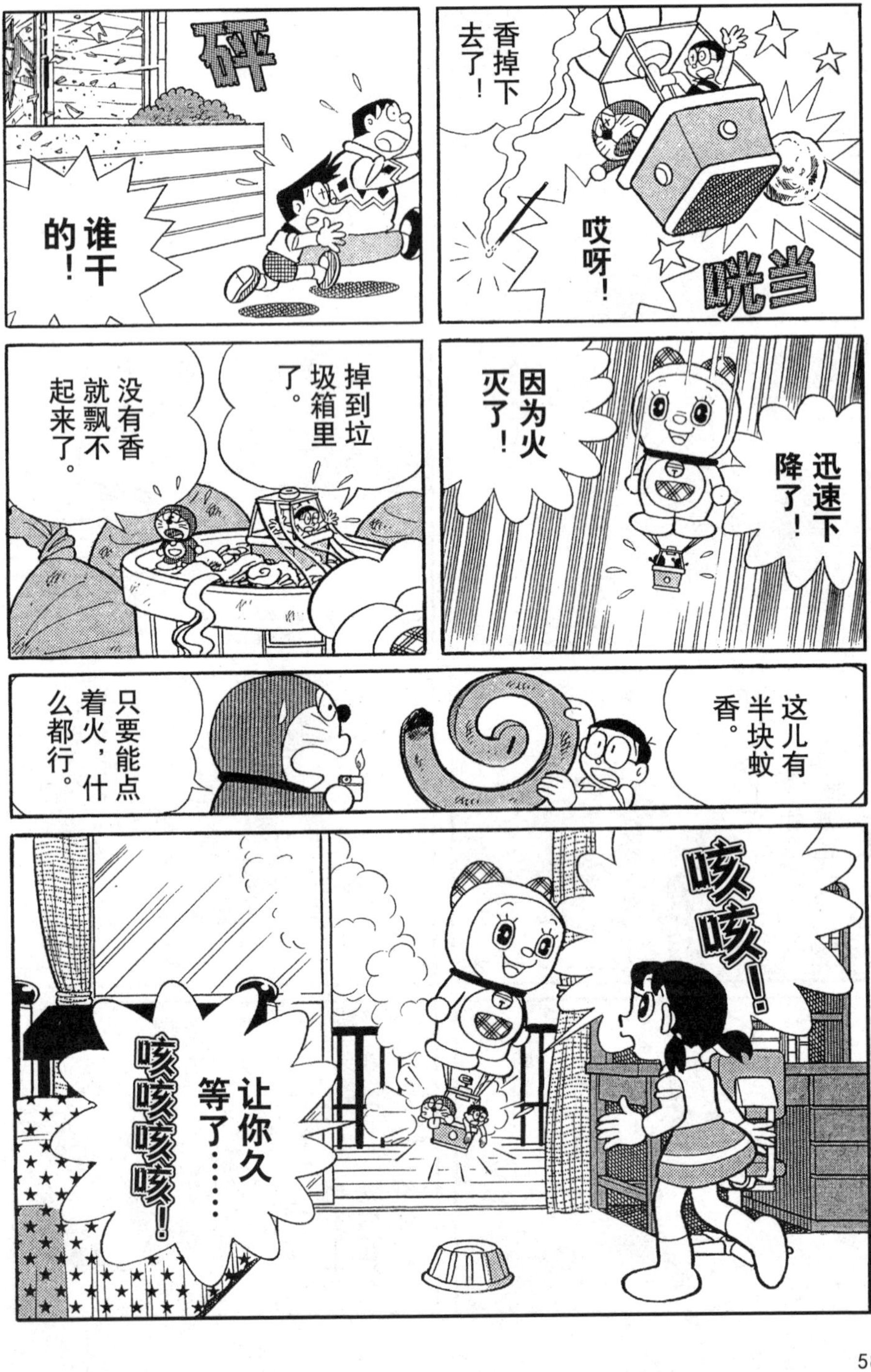
香掉下去了！
哎呀！
咣当
砰
谁干的！
迅速下降了！
因为火灭了！
掉到垃圾箱里了。
没有香就飘不起来了。
这儿有半块蚊香。
只要能点着火，什么都行。
咳咳！
让你久等了……
咳咳咳咳！

风是由于气压差异和温度变化而形成的吗?

风是由空气流动引起的一种自然现象。那么,又是什么驱使空气来回流动的呢?答案是气压!

空气中存在着氮和氧等空气分子,这些分子更喜欢在高气压中聚集,而且不甘于待在混杂拥挤的地方。一旦它们处于空间狭小的境地,便会想尽办法往开阔处流动。如此一来,当空气分子从拥挤不堪的高气压处涌向空气分子稀少的低气压区域时,就形成了风。

由于不同的地区所接收到的阳光照射并不均匀,所以就存在温度差异,会使不同地方的空气来回流动。同时,即便是同一个地方,高空和地表的温度也不同,这又会引起空气不停地上下流动。所以,空气几乎时时刻刻都在流动着。说到这里,你可能又会疑惑:为什么我感受不到上下吹的风呢?一般来说,我们不会把空气那种上下流动的现象叫作"风",而是称其为气流。那些向上运动的空气是上升气流,那些向下运动的气流则为下降气流。空气又是怎么上升和下降的呢?空气在变得温暖时,便会渐渐膨胀,体积变大,密度就会变得比周围的空气小,于是它开始向上移动。同时,由于那些处于高空的空气会变冷,体积收缩,所以会在重力的影响下向下沉。

虽然气流不易被我们所察觉,但它正是云形成的原因。

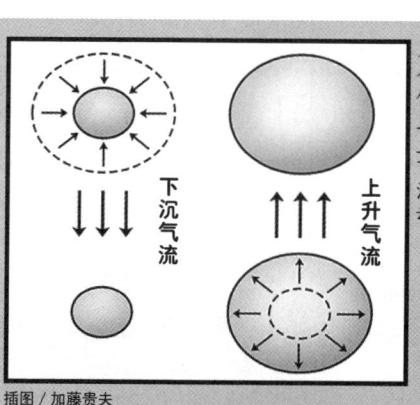

插图 / 加藤贵夫

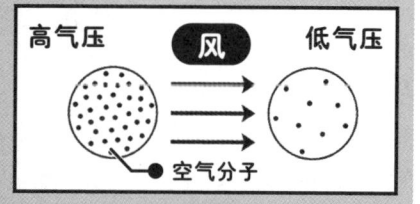

▲ 空气分子更愿意在空旷的地方自由活动,而不是挤在狭小拥堵的空间里。

◀ 除非温度毫无差异,否则气流不会停止上下流动。

插图 / 加藤贵夫

关于风你了解多少?

有些风会固定往同一个方向吹？

地球上有些地方的大气总是在重复做着相同的动作。

赤道附近的空气受热上升到对流层与平流层的交界处后便逐渐冷却，并移动至高纬度地区，到了纬度30度附近便形成了下沉气流。这种下沉气流中的一支由地表向赤道移动，最终回到赤道附近，由此形成一个闭合环流，就成为了地理学上的"哈德里环流圈"。在接近地面处，从纬度30度的地方吹向赤道的风即为信风。

从北极上空看地球，我们会发现地球是在向左边自转的，这样一来，北半球的物体（大气也不例外）发生运动时都会受到向右转的力量的影响，这股力量就是"科里奥利力"。

在科里奥利力的牵引下，从赤道附近赶来的大气要通过纬度30度的区域，就会形成由西往东吹的西风带。西风带的风速很快，在高处可达100米/每秒，因此也被称为"喷气式气流"。与西风带密切相关的是"弗雷尔环流"，它的形成源于西风的南北来回循环，西风的这种活动会降低高纬度地区和低纬度地区之间的温差。

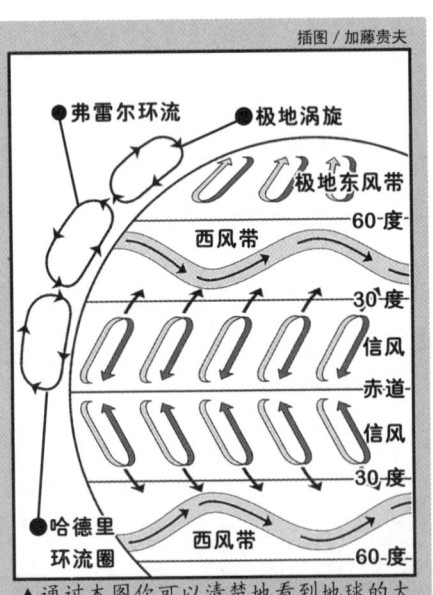

南北极地区也有一种气流的流动现象——极地涡旋。当南北极的冷空气下沉至地表，回到纬度60度左右的区域时，空气会因为升温而再次上升，这股上升气流最终又回到了两极地区。我们一般管地表上刮这种风的地方叫"极地东风带"。

插图／加藤贵夫

▲通过本图你可以清楚地看到地球的大气是如何流动的。受地球自转影响，北半球和南半球的气流分别被向右和向左的力量牵引。

大气是如何在地球上空『大迁徙』的？

特别专栏：什么是科里奥利力？

科里奥利力也被称为柯氏力，它是由物体的立体旋转运动引起的。为了让大家更直观地感受科里奥利力的影响，我们不妨来看一下右边的图。

首先，大家要知道，地球自转的速度在不同地方也是有差异的，这正是科里奥利力能够产生的前提。以赤道和日本为例，赤道地区地球的自转线速度为1670千米/小时，而日本（北纬40度）的自转线速度则为1279千米/小时。如此一来，如果有人站在赤道上向日本扔球，原本直线抛出的球看起来便像是向右偏移了。

投球和接球的两个人用同一速度移动时

接球的人速度慢一些时

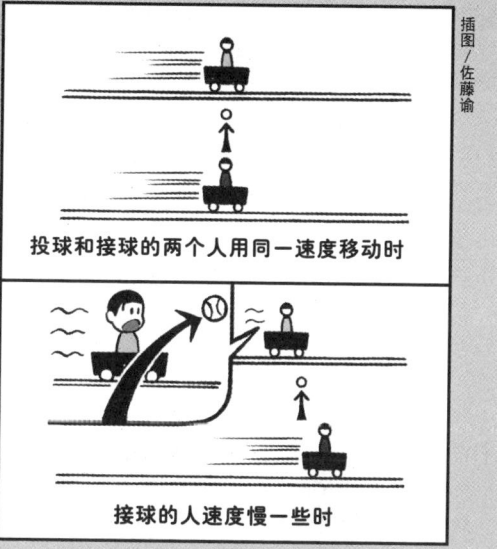

▲当接球的人速度较慢时，球看上去是向右偏移的。

大气大规模的流动会给地球带来哪些影响？

地球上的大气总是处于大规模的流动之中（大气环流）的，如果大气停止流动，变成静止不动的状态，赤道地区就会比现在还要炎热数倍，而极地地区则会更加寒冷。

除了影响地球上各个地方的气温，大气环流也影响了地球的自转。大气环流和地球自转的关系，放在玩儿陀螺这个游戏上会更容易理解。当你抽打转动着的陀螺时，会发现陀螺的转轴立即发生偏移。

地球在大气和海洋运动的驱动下，其原本的自转轴会稍稍偏移地表，科学家把这种小幅度的运动叫作"钱德勒摆动"。事实上，强风也会驱使深海里的海水跟随风向流动，而且海水的这种流动也难以摆脱科里奥利力的影响。

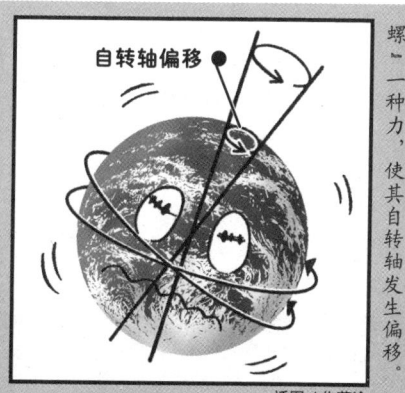

自转轴偏移

◀大气环流给了地球这个巨型"陀螺"一种力，使其自转轴发生偏移。

插图/佐藤谕

风是怎样形成的？

风是如何流动的？

当高气压区域的空气向低气压区域流动时，我们平常所说的风就形成了。因为空气在流动时无法摆脱科里奥利力的牵引，所以风也是无法直线前进的，它在进行过程中一定会发生偏移。

因为科里奥利力在北半球是向右偏的，所以北半球的空气在从高气压区域流出时，是呈顺时针方向旋转的，而气流在抵达低气压区域后，则会呈逆时针方向涌入。

高气压会带来下沉气流，而低气压则会带来上升气流，高空与地表的空气流动方向完全相反！关于这一点，大家只要仔细观察上方的图便能很好地掌握。

虽然在正常状态下我们根本感受不到科里奥利力，可是它却强大到可以改变风的风向。每到夏季与秋季，海面经常会刮起带着大型气旋的台风，而台风的旋涡状气旋正是受科里奥利力的影响而出现的。

▲在科里奥利力的作用下，高气压和低气压的气流会发生旋涡状转动。西风带也会促使高空的气流旋涡位置偏离正上方。

特别专栏：在海上如何预测暴风雨

在海上航行时，要想避开暴风雨，就一定要明确低气压的中心位置在哪里，因为海上的暴风雨往往就出现在低气压中心附近。

在北半球，气流会呈逆时针方向往低气压中心旋转，若此时风从背后吹来，则说明低气压中心有可能就在你的左前方，这就是著名的"白贝罗定律"，这个定律是以发现者的名字命名的，他是一位荷兰的气象学家。这种判断方式在没有雷达的过去，可是船员和渔民必须掌握的基本技能呢。但是随着科技的不断发展，现在人们在海上航行时完全可以通过雷达来定位暴风雨的准确位置。

插图/佐藤谕

62

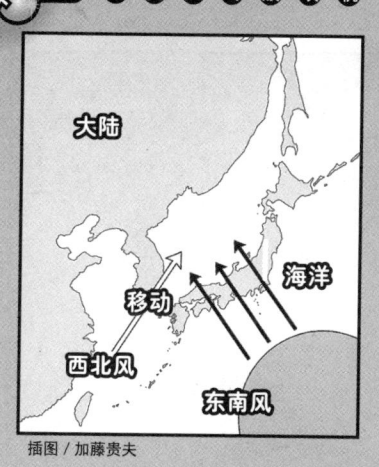

自然界中各式各样的风

在自然界里，不同地区、不同季节有各种不同的风，但无论差异有多大，风都是空气流动形成的。

在沿海地区，白天有海风，晚上有陆风。这是因为太阳照在地球上，白天陆地上的气温比海面高，陆地上的热空气不断上升，海面上的冷空气就不断地流到陆地上来补充，这种从海上向陆地的空气流动形成了海风。而晚上，陆地上的气温下降很快，海面上的气温下降很慢，因而海面上的气温比陆地上的要高，所以陆地上的冷空气会流向海面以进行补充，这种空气的流动形成了陆风。

山区与沿海地区一样，白天和晚上也会刮风向不同的风。白天，太阳出来后，阳光照在山坡上，贴近山坡的空气层温度升高，热空气沿山坡不断上升，而冷空气就从山谷向山顶上升进行补充，于是就形成了谷风。夜间，太阳下山后，山顶和山腰冷却得非常快，因此，靠近山顶和山腰的一薄层空气冷得也很快，而积聚在山谷里的空气还是暖暖的，这时，靠近山顶和山腰的冷空气就往山谷底流动，产生下沉气流，因此形成了山风。

我国大部分地区夏季多刮东南风，冬季多刮西北风，这是因为我国东临太平洋，夏季受太阳的照射，大陆气温高于海洋，冷空气由海洋流向大陆，因此大多刮东南风。而冬季则正好相反，大陆的冷空气会流向海洋，所以多刮西北风。

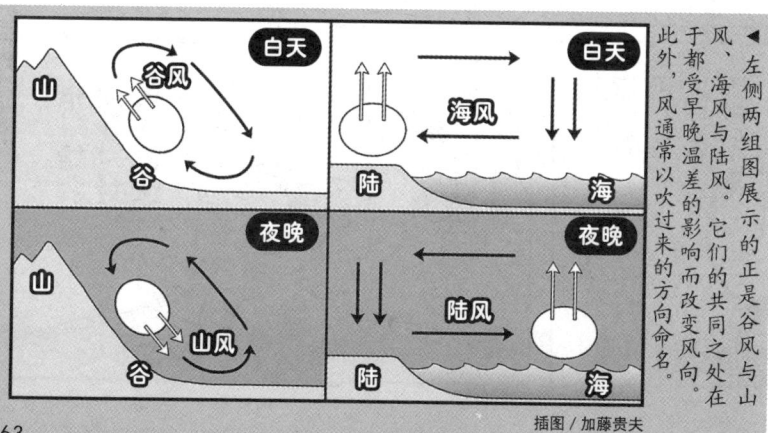

◀ 左侧两组图展示的正是谷风与山风、海风与陆风。它们的共同之处在于都受早晚温差的影响而改变风向。此外，风通常以吹过来的方向命名。

云彩游戏

就是那片云。
暑假结束的时候，有个晒黑比赛。我想从今天开始晒太阳，可那片云居然把太阳遮住了！
快点儿闪开！
呼呼、呼呼！
简直是笨蛋。
你有可以使云彩移动的机器吗？
『云彩控制器』。
嘎
你看看这里面！
有烟……
呀啊，和天上的云彩一模一样！

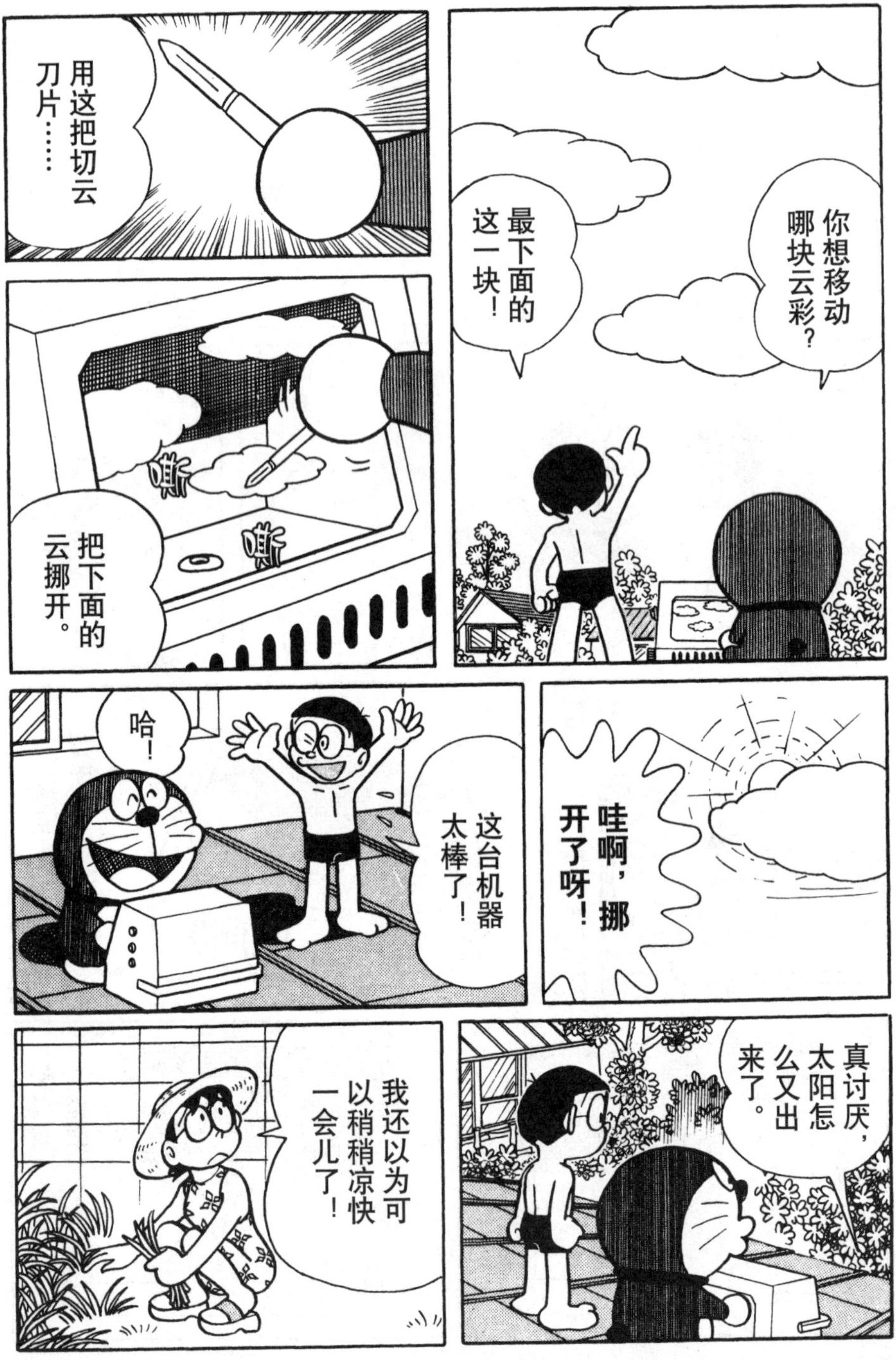

百变天气放映机Q&A

Q 雷是由哪种云产生的？①卷积云。②高层云。③积雨云。

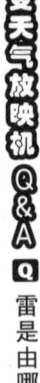

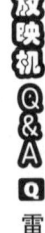

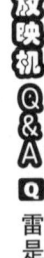

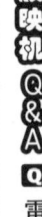

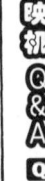

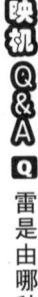

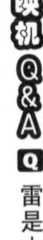

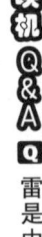

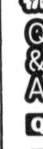

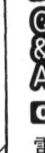

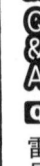

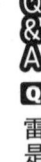

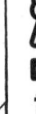

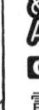

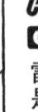

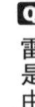

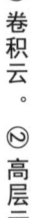

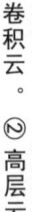

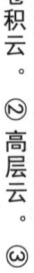

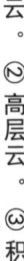

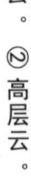

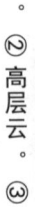

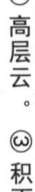

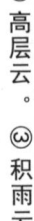

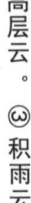

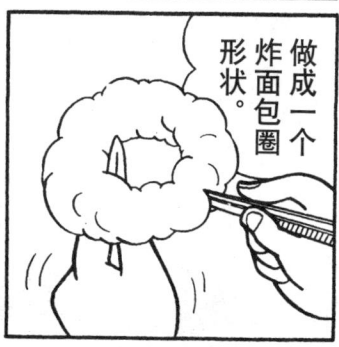

3 积雨云。积雨云里有强烈的上升气流，里面的冰晶剧烈碰撞摩擦会产生静电，最终形成雷。

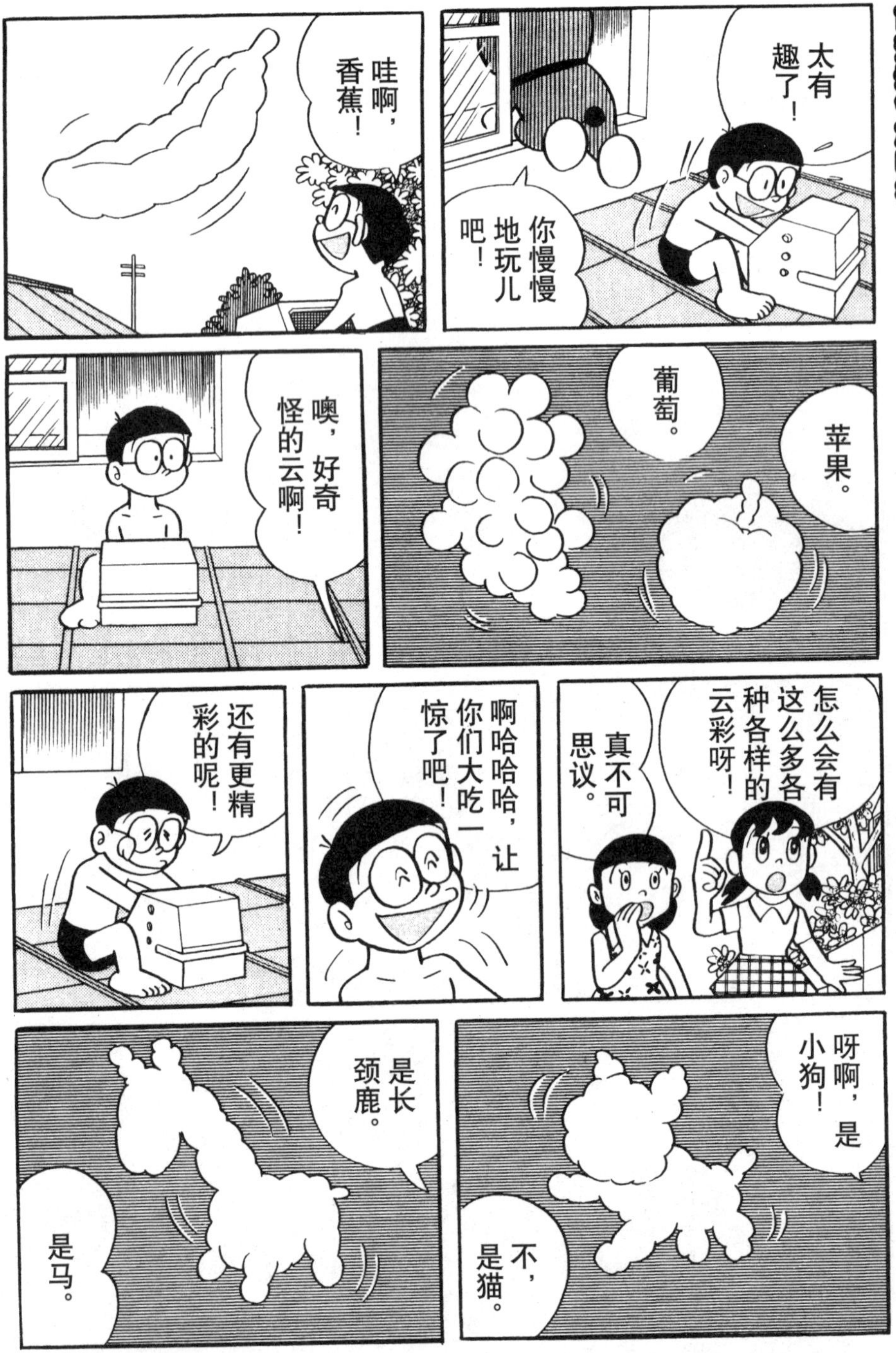

百变天气放映机Q&A

Q 如果你头顶的天空有百分之六十都被云占据，就代表此刻是阴天。这是真的吗？

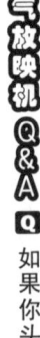

A 假的。天空中云量介于百分之五十到百分之八十之间时，只能算是多云的天气。

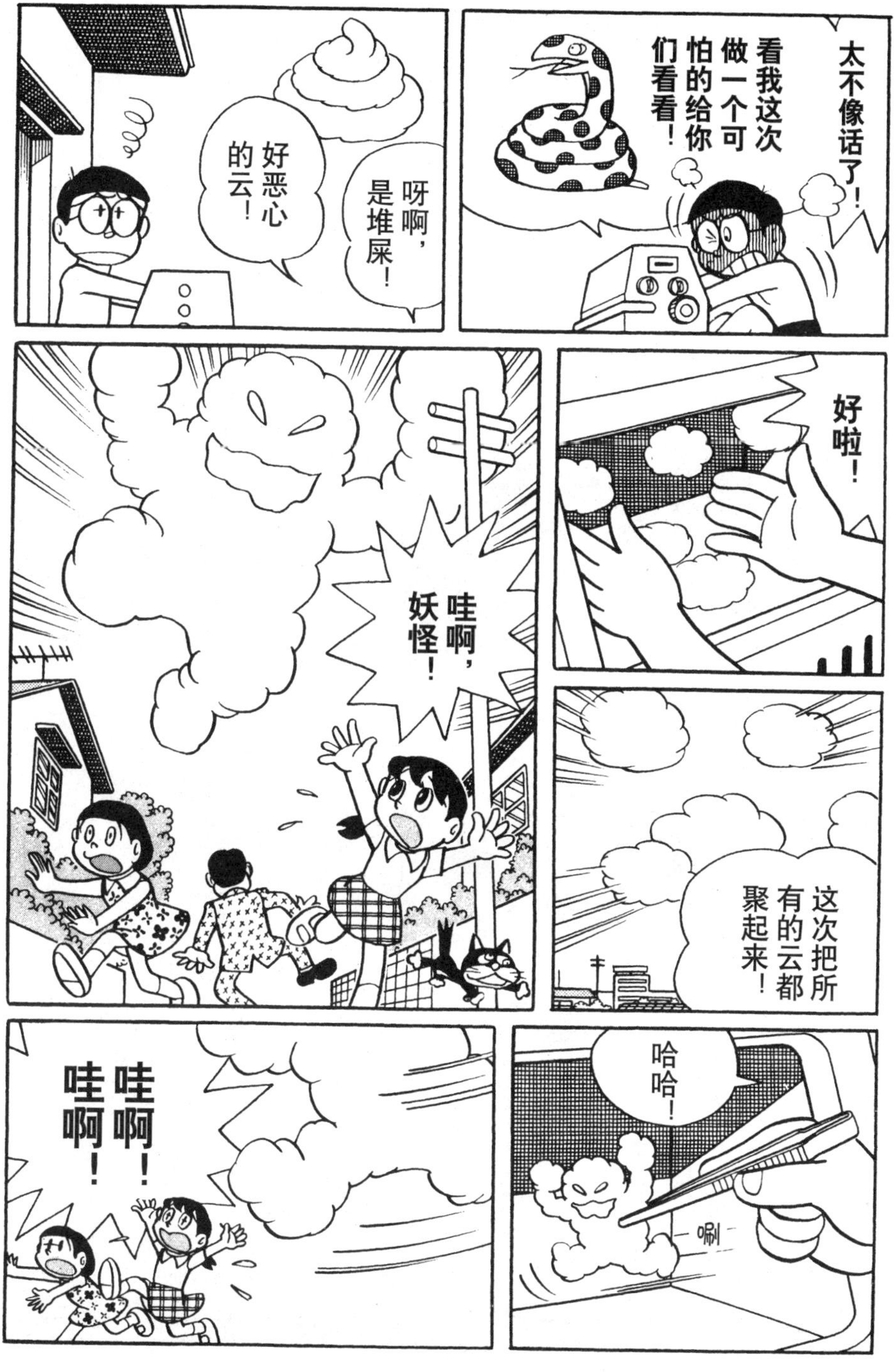

啊哈哈哈哈！
这次玩儿得可真有意思啊！
喂、喂，不要老是调皮捣蛋的呀！
咦……
怎么突然间天就黑了呢？
天空中全是些奇怪的云！
？
电源没有拔掉，这下机器给弄坏了！

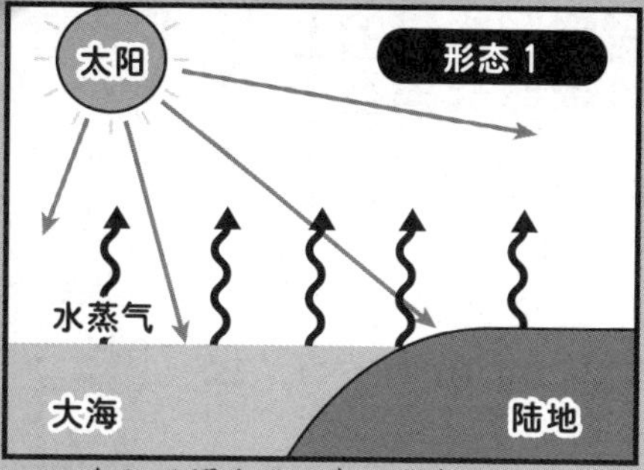

云是怎样形成的？

上升气流的五种形态

从地面向上看去，云有时候就像松软的棉花糖镶嵌在天空中，但其实它们都是由很多的小水滴和冰晶组成的。如果你仔细阅读过前面的内容（见第16页内容），就一定会记得，当地表的暖空气带着水蒸气上升到高空后，这股气流就会遇冷降温变成许多小水滴或冰晶，那些小水滴和冰晶聚集在一起便缔造出各种形状的云。理解了这一点，你就会明白，为什么说如果气流不向上流动，天上就不可能有云，地球上也就更不可能下雨或者下雪了。而引起天气变化的幕后推手——上升气流，大致又可以分成五种不同的形态。

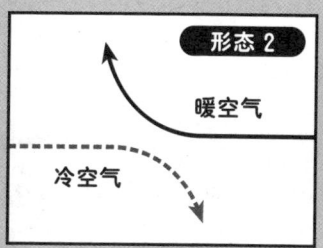

形态1

▲ 太阳照耀地面，靠近地表的空气会随之升温，且逐渐向上升。

形态2

▲ 暖空气与冷空气狭路相逢，暖空气被迫上升。

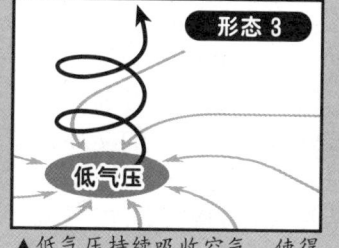

形态3

▲ 低气压持续吸收空气，使得空气只好乖乖上升。

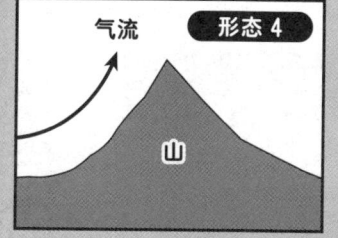

形态4

▲ 气流撞上山这个障碍物后，就会顺势沿着山坡爬升。

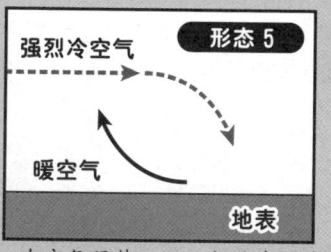

形态5

▲ 冷空气强势下沉，把地表暖空气挤压得无处可去，只能上升。

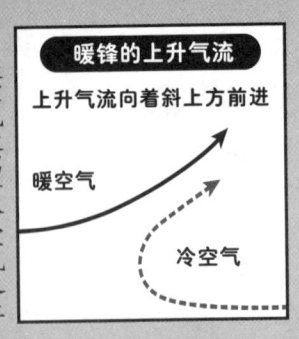

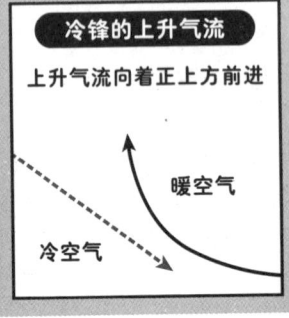

暖锋和冷锋的上升气流各自会形成不同形态的云

暖锋的上升气流

上升气流向着斜上方前进

暖空气凌驾于冷空气之上，且向上攀爬，此时会形成缓慢的上升气流。

冷锋的上升气流

上升气流向着正上方前进

冷空气钻入暖空气下方加速下沉，此时会形成强烈的上升气流。

我们的头顶上，一年四季都飘浮着各种形状的云，有的像大朵的棉花，有的像小鸟的羽毛，有的像层层叠叠的鱼鳞……决定这些云的形状的最主要因素，就是那些藏在空气中的水蒸气和上升气流的方向。有些云总是往水平方向扩展，像是要占据整片天空似的；有些云则高耸入天际，且似乎有还要继续攀高的趋势。我们一般管前者叫雨层云，管后者叫积雨云。这两种云的相同之处在于里面都含有大量的水蒸气，所以出现后基本都会带来大的降雨。

而雨层云和积雨云的最大区别在于：形成前者的那些气流上升时比较缓慢，而形成后者的上升气流速度极快。当暖空气与冷空气相遇（冷暖空气的交界处即为锋面）后，如果暖空气气势更强，缓慢上升的气流（暖锋）就会形成雨层云，如果冷空气气势更强，急剧上升的气流（冷锋）便会形成积雨云。当天空中聚集起雨层云时，一般会迎来大范围降雨，而积雨云则常会使小范围内的地方下起大雨。

云的形状是由上升气流和水蒸气的含量决定的

特别专栏 你见过哪些奇特的云？

下一页将向你展示10种不同形状的云。除此之外，也存在其他形状更为特别的云，比如当台风到来时，天空中往往会出现近似于透镜形状的荚状云。当飞机从头顶的天空划过时，也会出现漂亮的飞机云。请认真回想一下，你还见过哪些形状奇特的云呢？

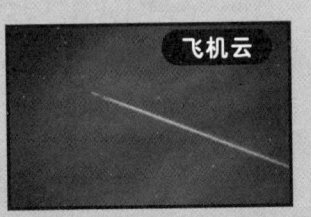

飞机云

影像提供／PhotoMaterial

72

百变天气放映机

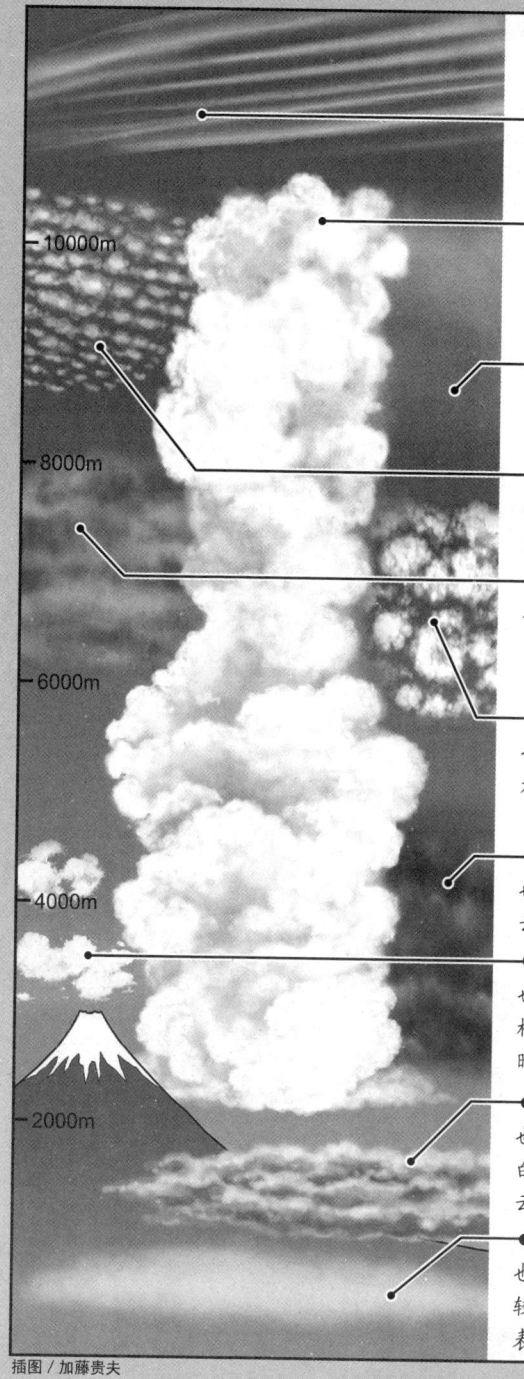

10种不同形状的云

— 10000m
— 8000m
— 6000m
— 4000m
— 2000m

● 卷云
也叫"条云",顾名思义,就像一条条细长的带子伸向远方。

● 积雨云
也叫"雷雨云",是在积云的基础上发展而来的,一般会带来雷或者冰雹。

● 卷层云
也叫"薄云",是像薄纱一样聚集在高空的云。

● 卷积云
也叫"鳞云",很像鱼鳞,是由一朵朵的小云朵聚在一起形成的。

● 高层云
也叫"朦胧云",一般略带灰色,大片厚厚地嵌在天空中。

● 高积云
也叫"绵羊云",呈现圆形,看起来像是一大群绵羊。

● 雨层云
也叫"雨云",深灰色的大朵云,会带来大雨或降雪。

● 积云
也叫"棉花云",看起来蓬松、柔软,一般会出现在非常晴朗的天气里。

● 层积云
也叫"积层云",这种云多为灰白两色,虽然块头儿大,但透过云的间隙依然可以看得见蓝天。

● 层云
也叫"雾云",一般出现在比较低的区域,呈雾状(到达地表时往往就被看作是雾了)。

插图 / 加藤贵夫

插图 / 佐藤谕

▲悬浮于空中的小水滴形成的云环绕在山间。

▲当这些云与山坡触碰后，就会变身为雾或霭。

雾和霭也都是云？

相信大家都听说过雾、霭和霾这些名词，可你们知道雾、霭、霾与云有什么差别吗？从形成的原理来说，雾和霭都应该算是云的一种。当水蒸气冷却变回小水滴时就会形成雾与霭，它们与云的差异只在于是否接触地面：高挂在天空的为层云（详见第 73 页的介绍），接触地面、能见度（可清楚视物的水平距离）不到 1 千米的为雾，接触地面、能见度超过 1 千米但不到 10 千米的则为霭。

霾与雾、霭不同，它不是由水滴形成的，而是在悬浮于空气中的尘埃或盐类等非吸水性固体颗粒过多的情况下，产生的大气现象。霾会直接影响空气的能见度和空气品质，还会对人们的健康造成威胁，是种有害天气。

你知道雾、霭、霾的区别吗？

有这次把所聚起来！的云都

特别专栏

云也可能出现在外太空

如果你认定只有在地球上才看得到云，那金星、火星、木星可要"站"出来表示不服了。金星上包裹着一层浓度比较高的硫酸云；火星则被冰云覆盖（跟地球上的相似），上面还有不断掠过火星陆地的沙尘暴；至于木星，它拥有着含有阿摩尼亚和氢硫化铵的特殊云层。

出处 / NASA

74

云中游泳池

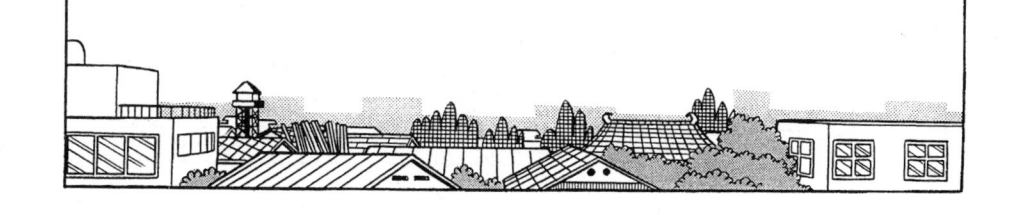

咦？你不是说去游泳吗？
人太多了，根本没法儿游泳！
这又何妨啊？反正你也不会游泳的！
你怎么说这种话？
还算是家长吗？
还是做一个只有大雄一个人用的游泳池吧！
哎？这是真的？
不要骗我呀！
做一个游泳池要很大的空间和许多水的！
光是水费妈妈就不会同意的！
很大的空间和许多的水嘛，那没问题！
在哪儿？
在那儿！

A 暴雨。当日平均降雨量达到五十至一百毫米时，就是暴雨。而大雨的日平均降雨量为二十五至五十毫米。

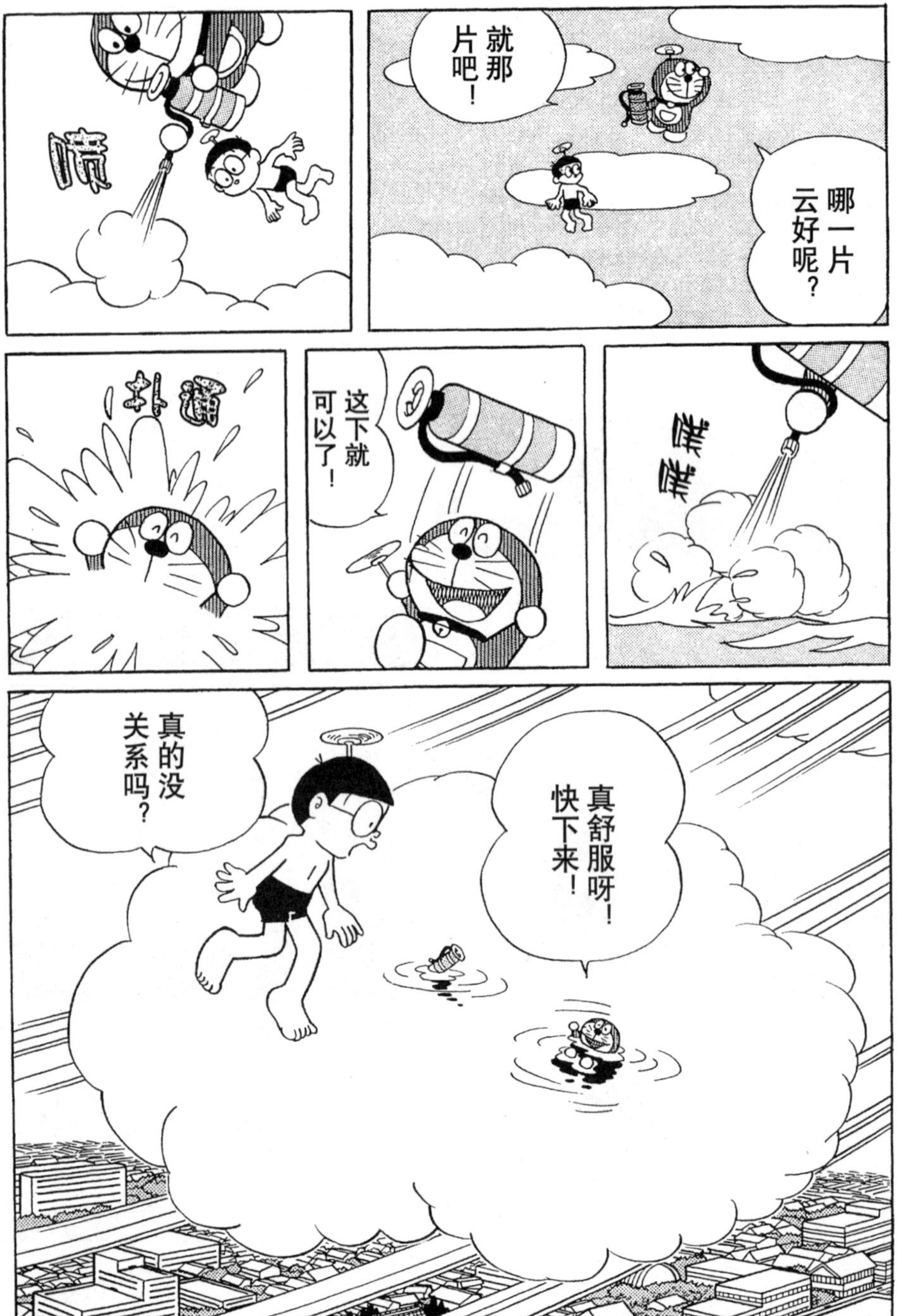
哪一片云好呢？
就那片吧！
这下就可以了！
真舒服呀！快下来！
真的没关系吗？

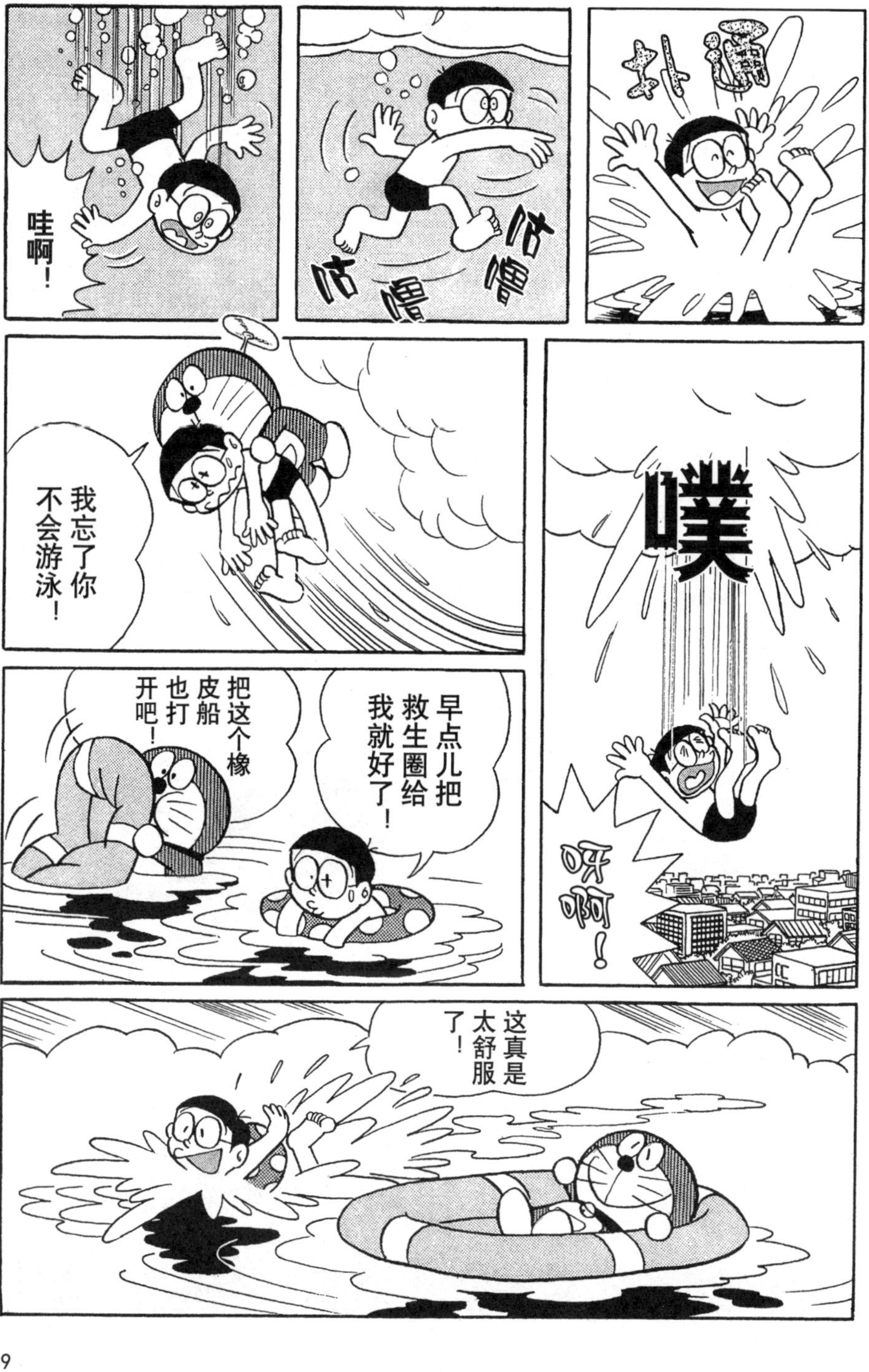

哇啊！
咕嘟咕嘟
我忘了你不会游泳！
噗
呀啊！
早点儿把救生圈给我就好了！
把这个橡皮船也打开吧！
这真是太舒服了！

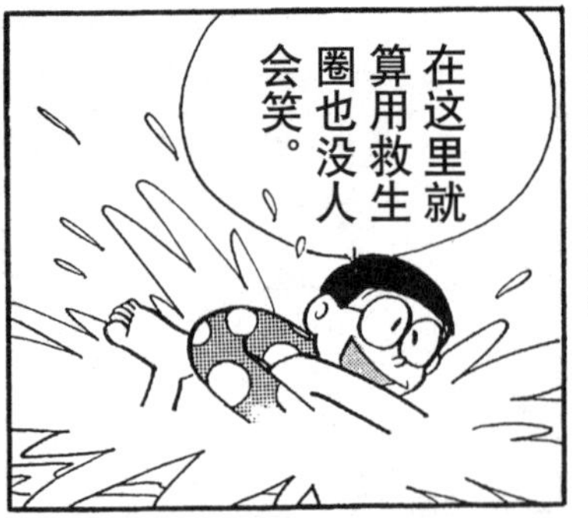

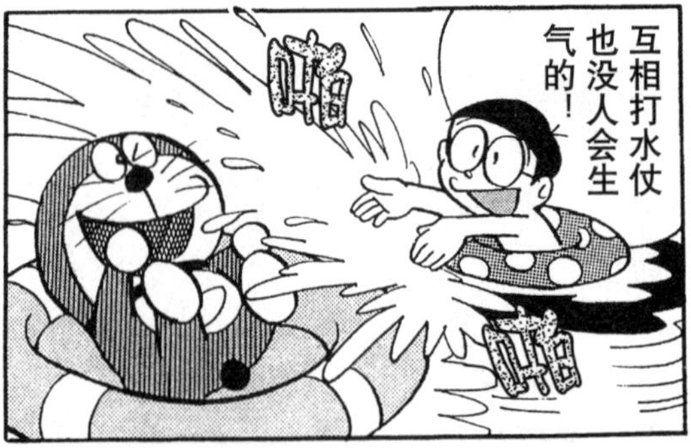

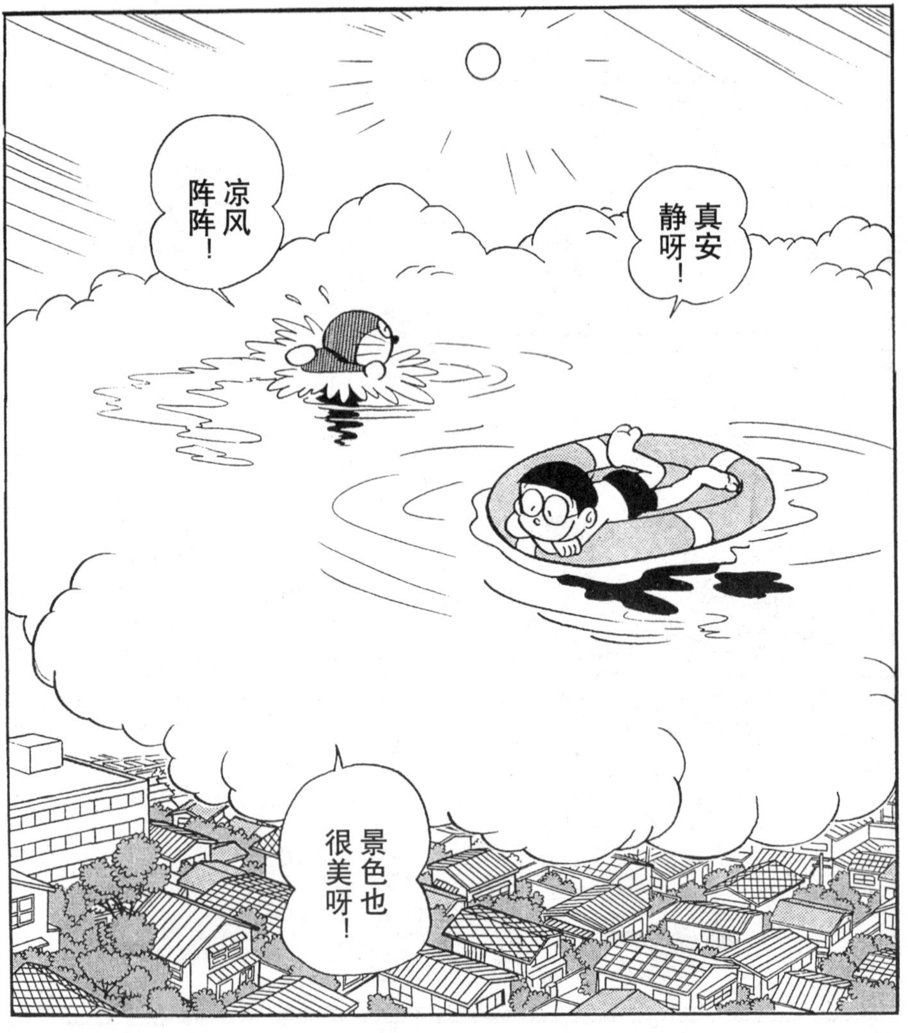

百变天气放映机Q&A

Q 如果在早上看到蜘蛛网就代表今天会是个大晴天。这是真的吗？

A 真的。因为蜘蛛是从傍晚开始结网的，而且蜘蛛不会在湿度较高或风较大的天气里结网。

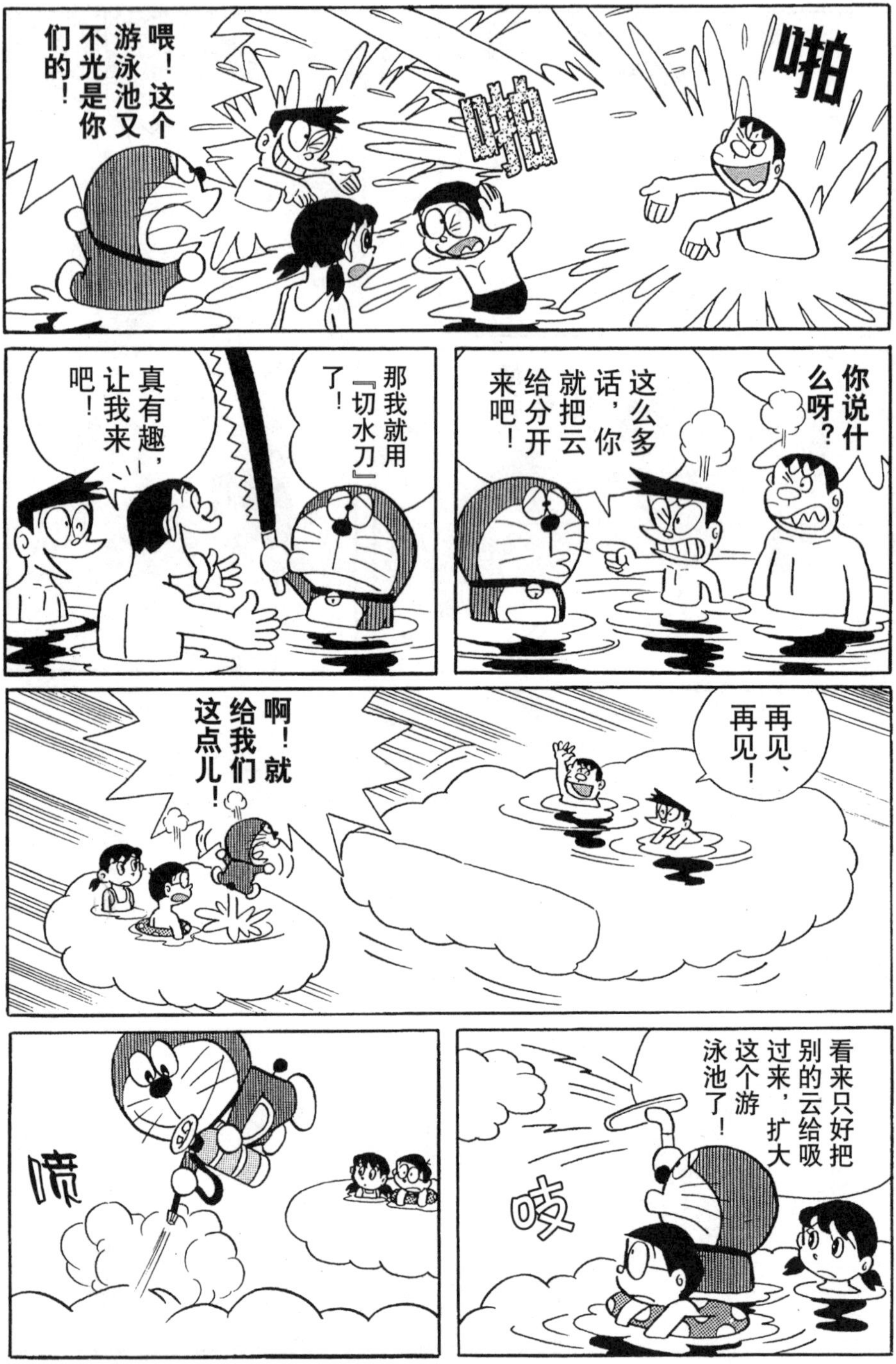

百变天气放映机Q&A

Q 即使天气预报说会是晴天，也仍有可能下雨。这是真的吗？

A 真的。天气预报会受到各种突发状况和观测水平的限制，无法做到百分之百准确。

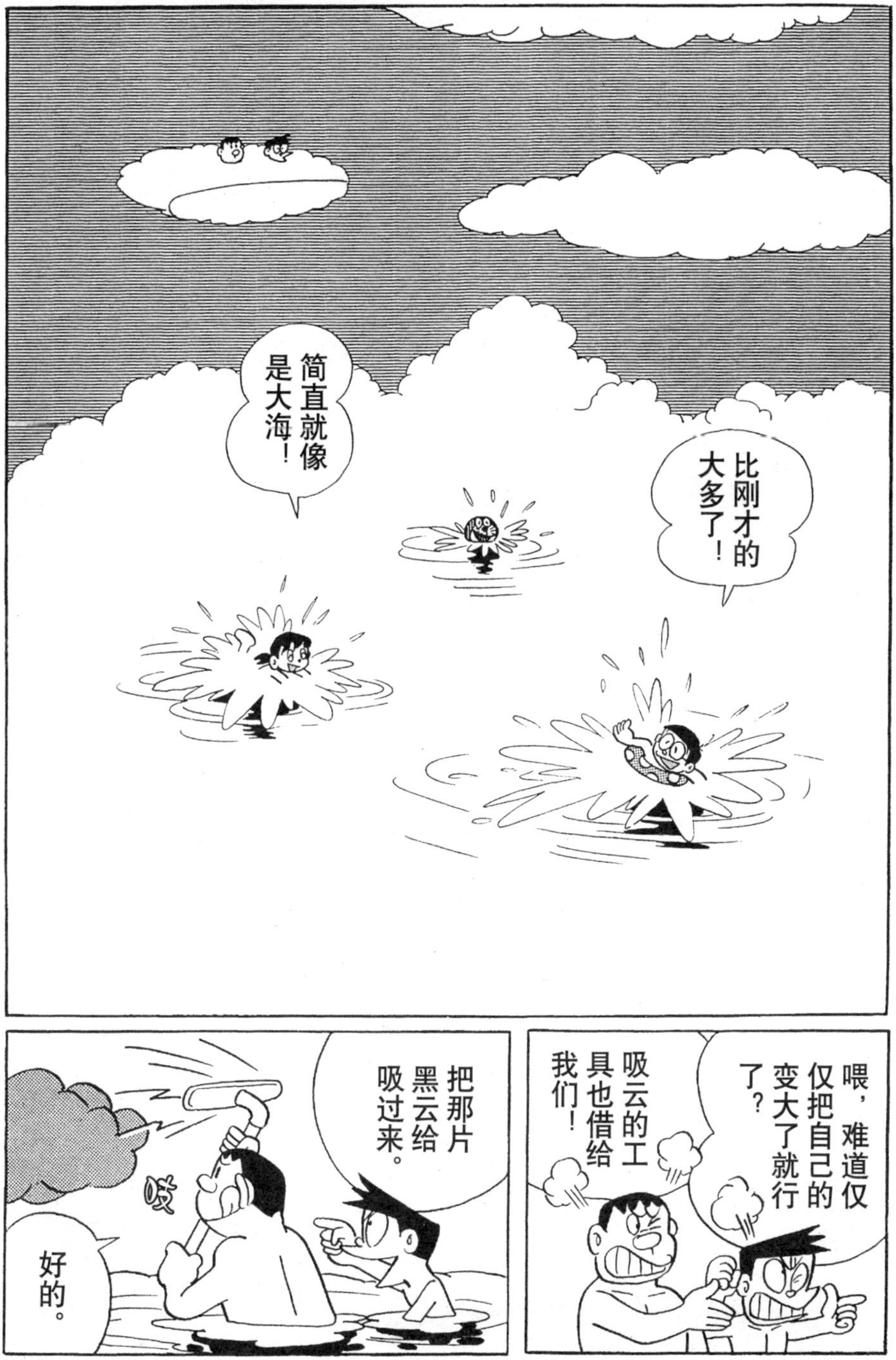

轰隆
好奇怪，我觉得身体在发抖呀！
吱
吱
叽
噼里啪啦
啪啦
这是打雷的云！
遇到雷阵雨了！
啊啊
雷的孩子怎么掉下来了？
热水浴

百变天气放映机

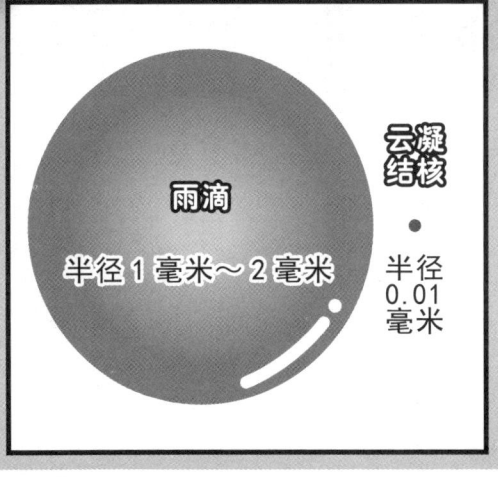

云凝结核逐渐形成了雨滴

云凝结核 · 半径0.01毫米

雨滴 半径1毫米~2毫米

云是由许多小水滴和冰晶聚集在一起形成的。可是，为什么不是所有的云都能带来降雨或是降雪呢？

这就与水蒸气凝结时附着的云凝结核有着重要的关系了。云凝结核的个头儿非常小，最大的半径也才不过0.01毫米，大小还不到雨滴的1%。如果换算成体积，云凝结核所占的比重还不足雨滴的一百万分之一。这么小、这么轻的物质是无法抵抗住上升气流的力量向下落的，即便它真的能往下落，也会在接触地表之前蒸发掉，重新变回水蒸气。换句话说，云变成雨的先决条件就是必须有数量超过百万的云凝结核聚集成一颗直径可达到1毫米的雨滴。只有成长到这个大小，其重量才能超出上升气流向上的托举之力掉落下来，而且在下落过程中也不会蒸发掉，从而顺利降落到地面上来。

结合前面学习过的知识（详见第72页中的内容），我们就可以知道，只有雨层云（雨云）和积雨云（雷雨云）这两种云才能带来降雨的原因也正在于此。除了这两种云外，其他的云中水蒸气的含量都太少，不管有多少云凝结核聚集在一起，都无法形成尺寸达到雨滴程度的水滴。

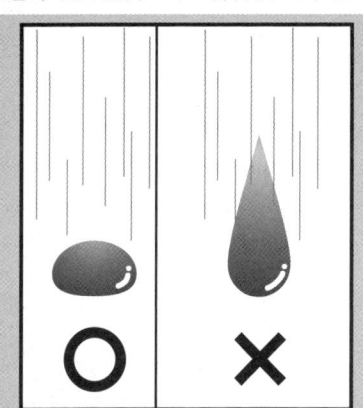

云是怎样变成雨的？

▲ 雨滴并非水滴状，受空气阻力的影响，雨滴的形状应该是像左图那样，底部是平的，看上去更像馒头。

暖雨和冷雨的形成有何不同?

大家知道雨还会分成暖雨和冷雨吗?知道它们有何不同吗?如果要用一句话来解释两者的不同,那就是暖雨是由云凝结核直接化作雨滴从天而降的,而冷雨则是由云凝结核先冷却变成冰晶,然后才化作雨滴落下来。

从前面的介绍中我们已经知道,雨的形成跟水蒸气、云凝结核、冰晶等物质密不可分。而冷雨的具体形成过程是这样的:在上升气流的牵引作用下,由水蒸气冷却变成的云凝结核抵达高空(气温在0℃以下),在那里,水蒸气会迅速化作冰晶,当这些冰晶多到超过上升气流的最大负荷时,就会脱离牵引力的作用而向下降落,下落过程中,冰晶会在0℃以上的云中变成雨滴。

冷雨多出现在温带和寒带地区。而在热带地区,由于温度较高,水蒸气所形成的云凝结核在温暖的高空中聚集后,会直接化作雨滴落到地面上来,这就是所谓的暖雨。

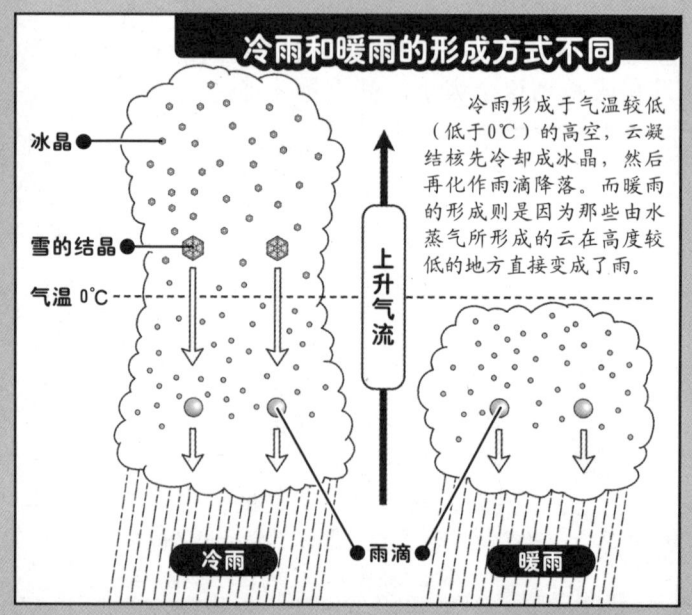

冷雨和暖雨的形成方式不同

冷雨形成于气温较低(低于0℃)的高空,云凝结核先冷却成冰晶,然后再化作雨滴降落。而暖雨的形成则是因为那些由水蒸气所形成的云在高度较低的地方直接变成了雨。

- 冰晶
- 雪的结晶
- 气温 0℃
- 上升气流
- 冷雨
- 雨滴
- 暖雨

插图/加藤贵夫

为什么降雨方式会大不相同?

水滴会越变越大,越重就越往下掉,这就是下雨。

锋面的形态如何影响降雨方式？

跟爸爸妈妈一起看《天气预报》时，你有可能听到过"暖气团"和"冷气团"这样的名词。那又是什么东西呢？

暖气团和冷气团都是大气所形成的气团，这些气团在大气环流的作用下到达新地域时，如果本身的温度比到达地域的地面温度低，就为冷气团，相反，则为暖气团。因为热带地区温度高，所以暖气团多生成在热带地区，而寒带地区温度低，冷气团则多生成在寒带地区。

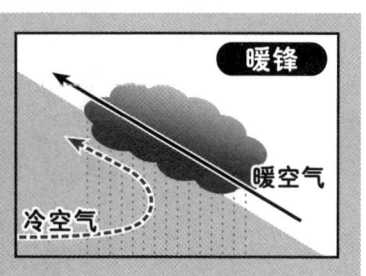

由于暖气团和冷气团通常生成在不同的地区，当它们受大气环境影响流动时，便常出现互相碰撞的现象。当冷、热气团彼此撞在一起后，会发生怎样的事情呢？答案是多半会带来降雨，因为冷暖空气的温差会引发上升气流促进云的形成。《天气预报》里常常提到的"锋面"其实指的就是冷暖空气在高空中的不期而遇、互相角力。这个时候会出现什么样的降雨方式，要看二者之间谁的气势更猛，谁能在这场较量中更胜一筹。

我们将暖空气占据明显优势时的冷暖空气对决局面称为"暖锋"。一经相遇，暖空气就会表现出很强的气势，威风凛凛地爬到冷空气上方，这时所形成的规模较大的云就会给处于它们下方的地面带来较大范围的降雨。只不过，由暖空气主导的这场雨会相对来说温柔一些。

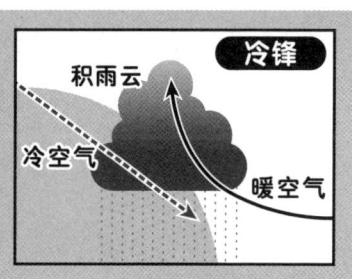

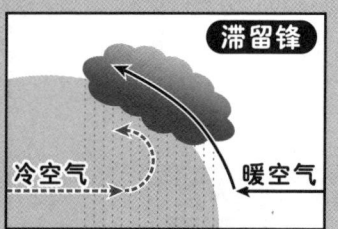

而当暖空气的气势弱于冷空气时，则为"冷峰"。那时，冷空气会毫不客气地插入暖空气下方，促使气流急速上升，由此形成大量积雨云，然后就下起雨势猛烈的雨来。不过，这时下雨的范围要比暖空气主导时小一些。

当然，冷暖空气有时候也会气势相当，对决时谁也难以讨到便宜。当它们盘踞在一个地方互不相让时（也可称为"滞留锋"），就会给当地带来连绵不绝的降雨。梅雨和秋天的连续降雨就是这样产生的。

谁是气象灾害的元凶？

"热岛效应"和无预警暴雨

为什么我们所处的时代文明高度发达，却动不动就会出现一些严重的自然灾害？有些人认为，这正跟现代社会人们的生产、生活有关。你认同这种看法吗？

近年来，人口密集的城市的气温变得明显比周围地区高，特别是到了夏天，城市里的空调、汽车、柏油路面等一起释放热量，让城市简直成了一座烤炉，让生活在那里的人们陷入高温的折磨中。人们把这种现象称为"热岛效应"，意思是热气就像一座浮岛一样漂浮在城市上空。

生活在城市里的小伙伴也会遇到这样的情景：城市的某个区域会突然下起暴雨，而人们却总是难以提前预测出来并告知大家。城市里高楼林立，当强风从楼宇之间横行而过，与热气产生的上升气流便会迅速形成积雨云，继而给那片区域带来"无预警暴雨"。这种突如其来的强降雨多出现在傍晚时分，会给当地带来大大小小的灾害。

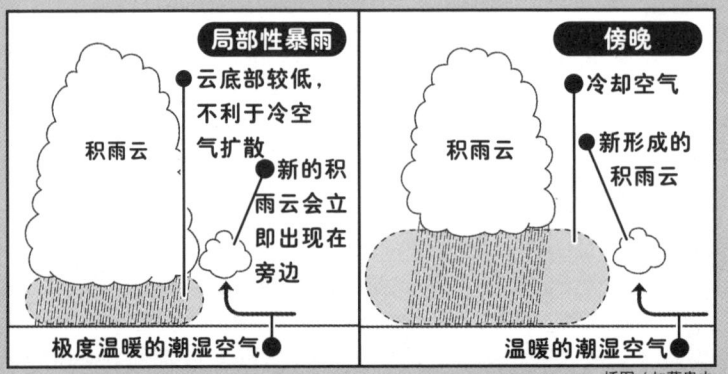

插图 / 佐藤谕

▲ 下再大的雨也会被地面所吸收，基本不会发生重大灾害。

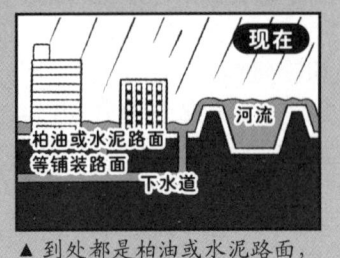

▲ 到处都是柏油或水泥路面，雨水只能汇集到下水道，然后排泄出去。雨势较猛的时候，很容易发生灾情。

阵雨遇到了雷！

局部性暴雨
- 云底部较低，不利于冷空气扩散
- 新的积雨云会立即出现在旁边
- 极度温暖的潮湿空气

傍晚
- 冷却空气
- 新形成的积雨云
- 温暖的潮湿空气

插图 / 加藤贵夫

三月雪

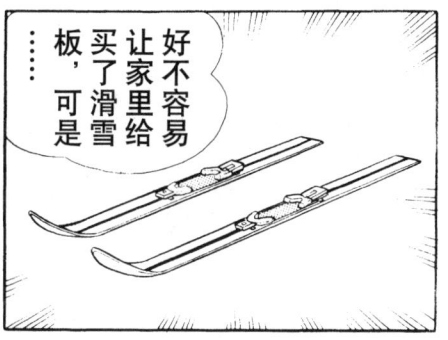

好不容易让家里给买了滑雪板,可是……

还一次都没有滑过,春天就到了。

唉!真没趣。

原来如此。

那么,如果……

我是说如果。

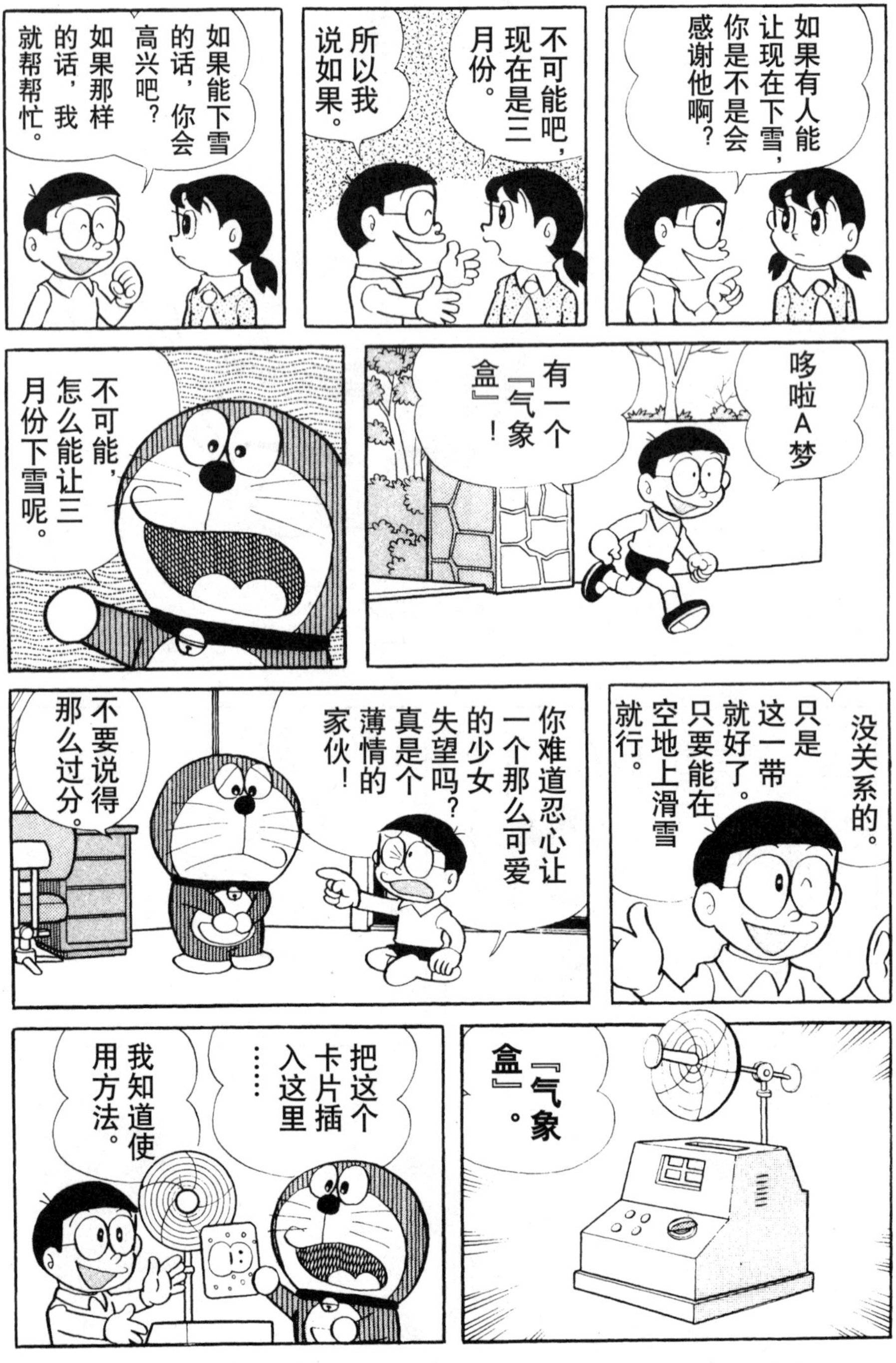

百变天气放映机Q&A

Q 水蒸气和云凝结核刚结冻形成的冰晶，直径只有大约零点一毫米。这是真的吗？

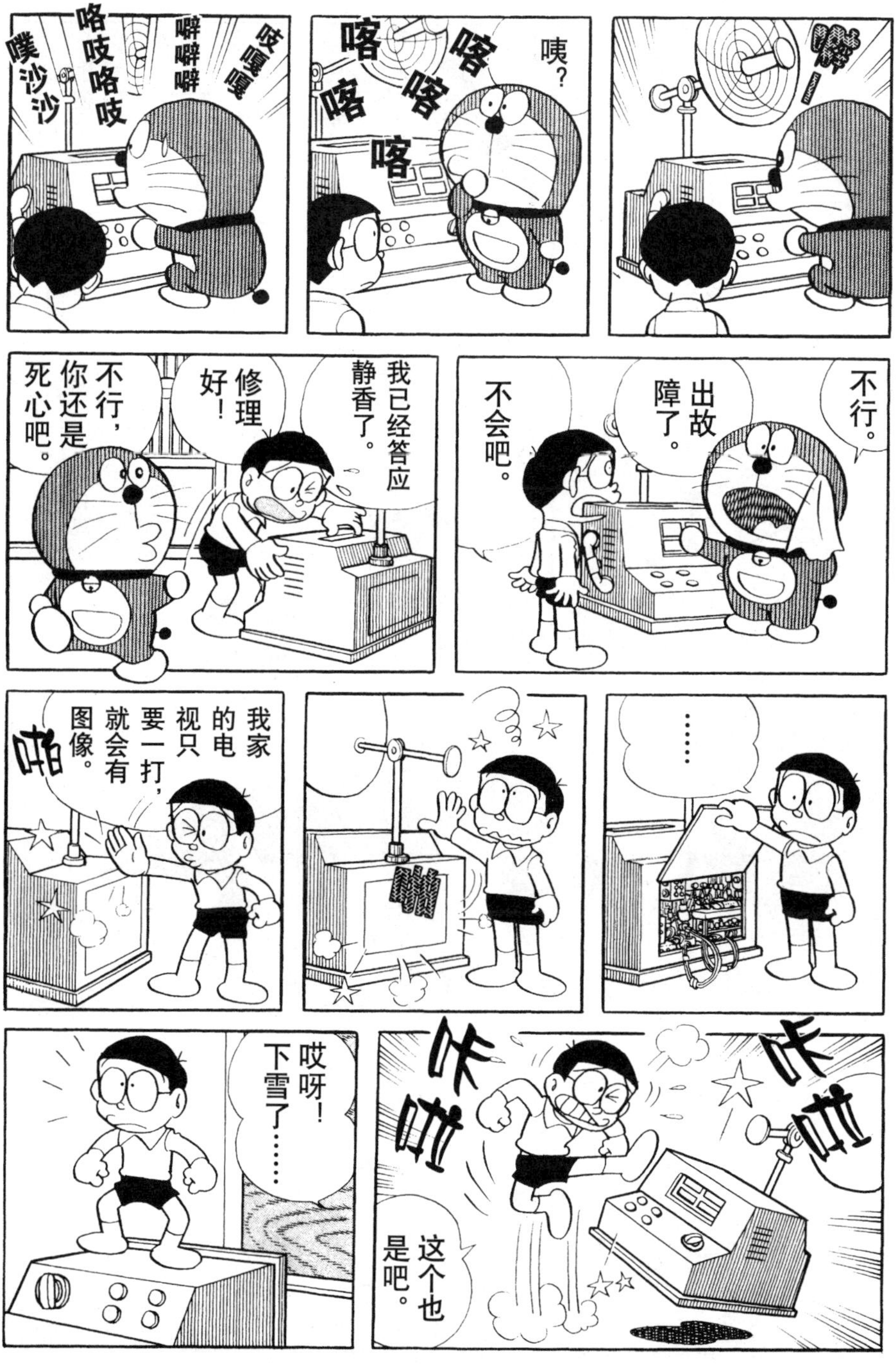

A 假的。水蒸气和云凝结核刚结冻形成的冰晶，最开始直径只有大约零点零一毫米。

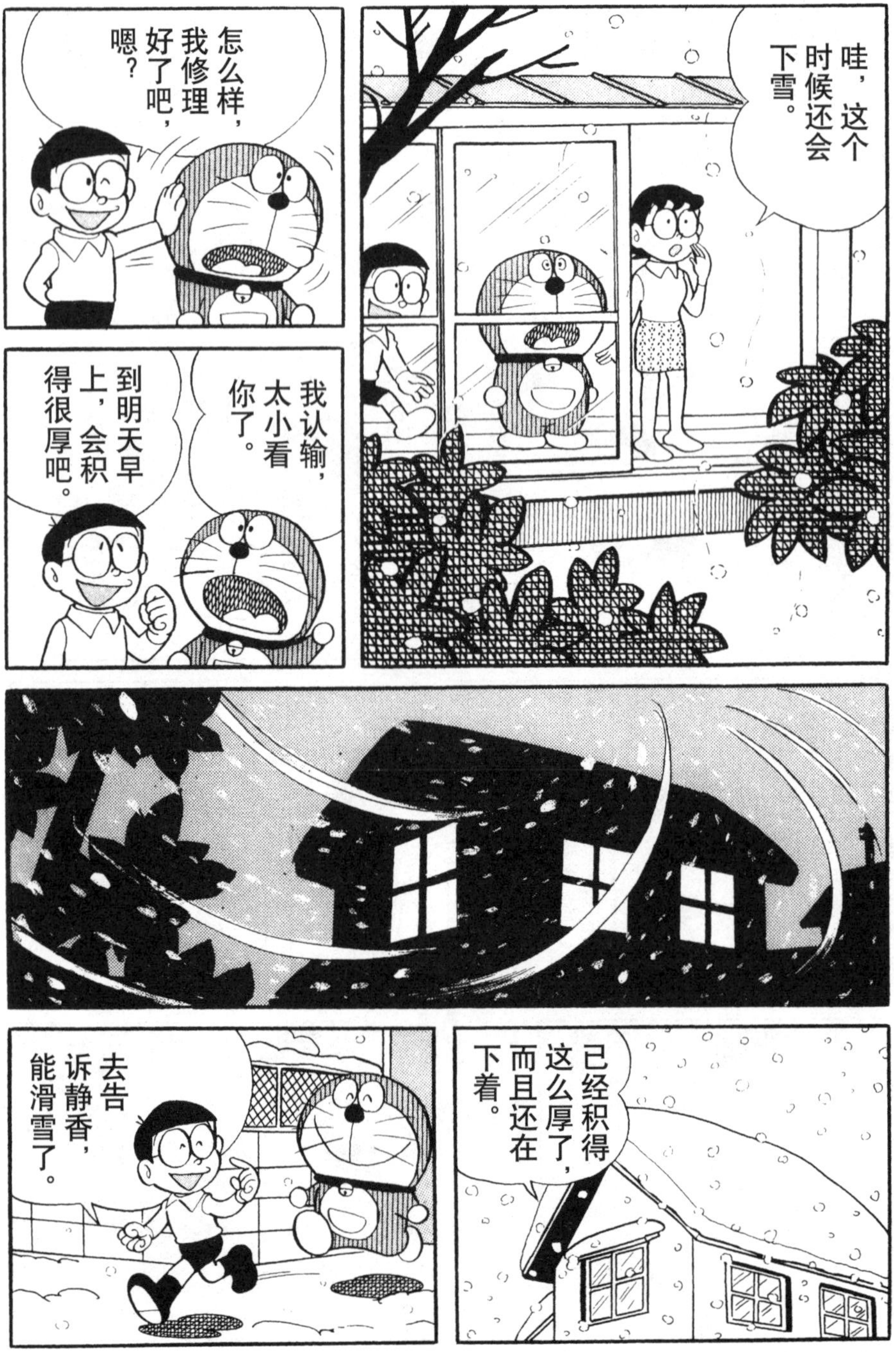

百变天气放映机Q&A

Q 水蒸气不会在零下四十摄氏度的高空结冻。这是真的吗？

A 假的。在零下四十摄氏度的高空，水蒸气无需微尘粒子的帮助就能直接结冻，在温度高的地方，则需要这种物质才能形成冰晶。

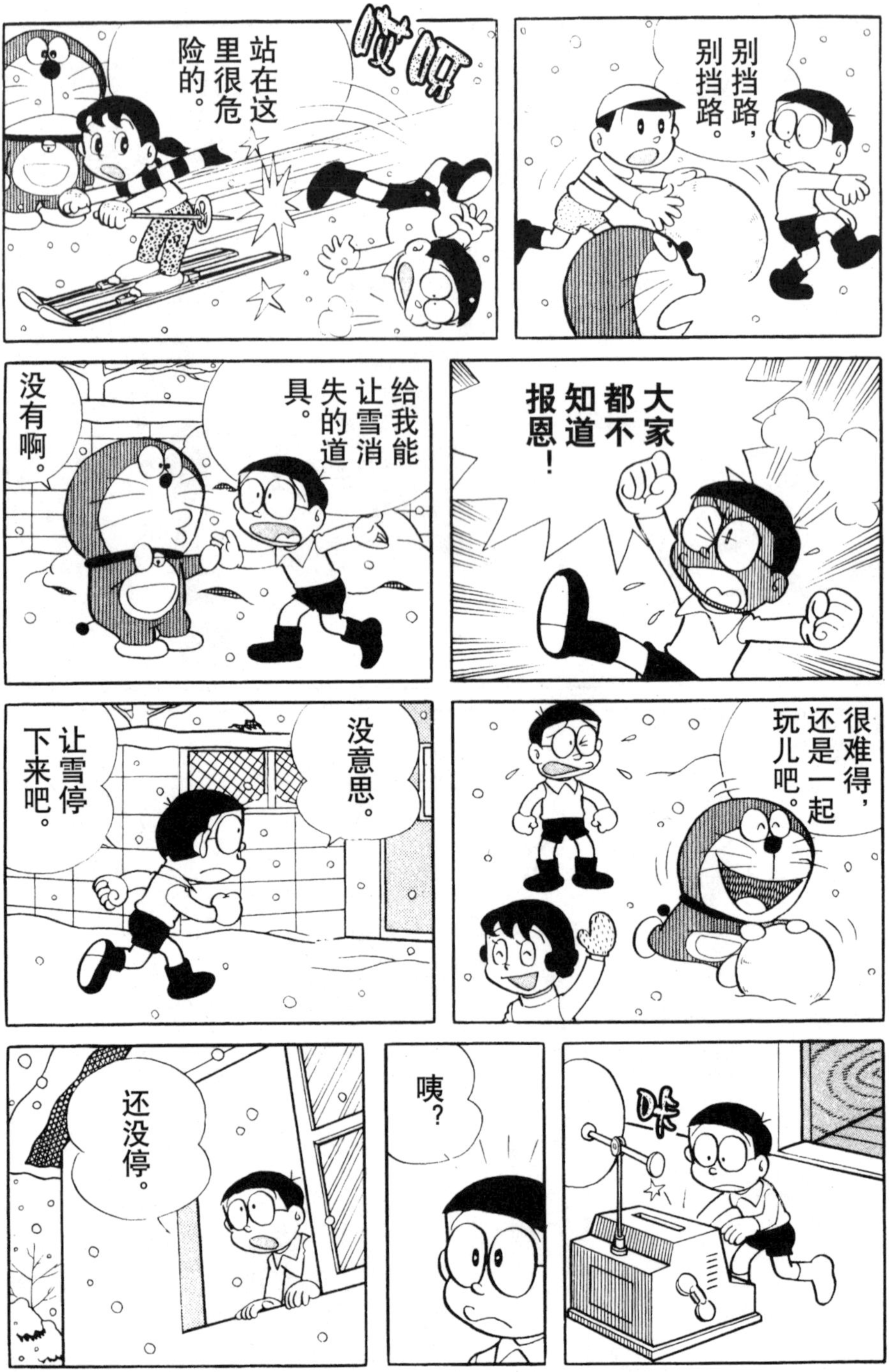

百变天气放映机Q&A

Q 北极圈的平均气温比南极圈的低。这是真的吗？

A 假的。相同纬度，南极圈的气温比北极圈的低，因为北极圈主要是海洋，而海洋比陆地更能存储热量。

不能骑自行车了。
我是走着送来的。真是糟糕。
对不起！
？ ？
汽车动不了了。
火车没办法运行了，所以蔬菜的价格也上涨了。
我丈夫去青森了。如果不能赶回来的话，工作就耽搁了！
认为下雪不好的人也有很多啊。
哇！大雄，我好佩服你啊！
接下来把我家门前的雪也扫了吧。
好的。
那么，我家也拜托了。
不好意思，我家也拜托了。
我要负责清除全日本的积雪。

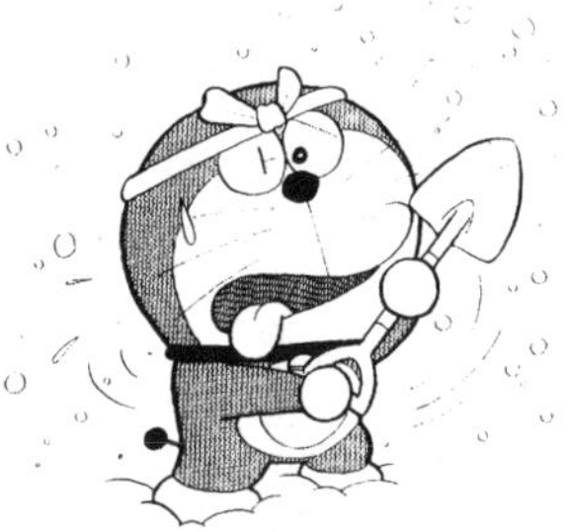

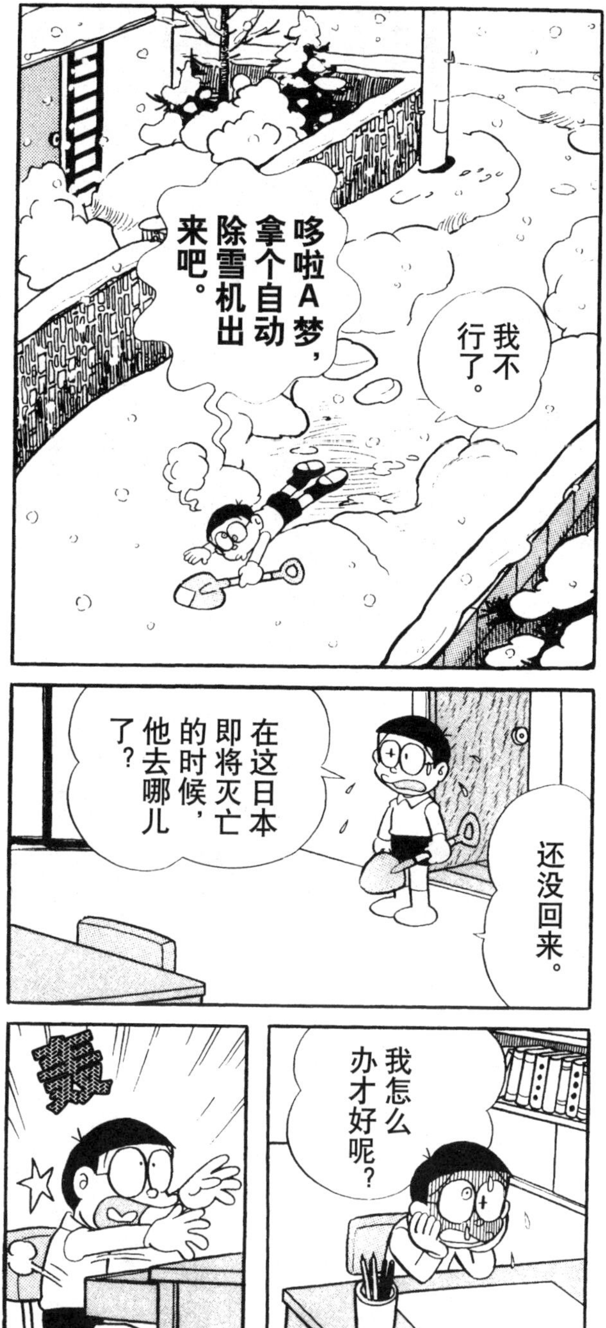
我不行了。
哆啦A梦，拿个自动除雪机出来吧。
还没回来。
在这日本即将灭亡的时候，他去哪儿了？
我怎么办才好呢？

呀，对不起！
什么？雪停不下来了？
全是因为你不听我的话，自己擅自作主！
等会儿再教训我吧。快修理！
？
咦……
坏了。
正是因为坏了，雪才停不下来了。
不是的，一开始就坏了。
那么，下雪就不是因为这个机器了？
三月就算是下雪，也不算太稀奇。
去玩儿吧。
寒流已经过去，不久雪就会停了。

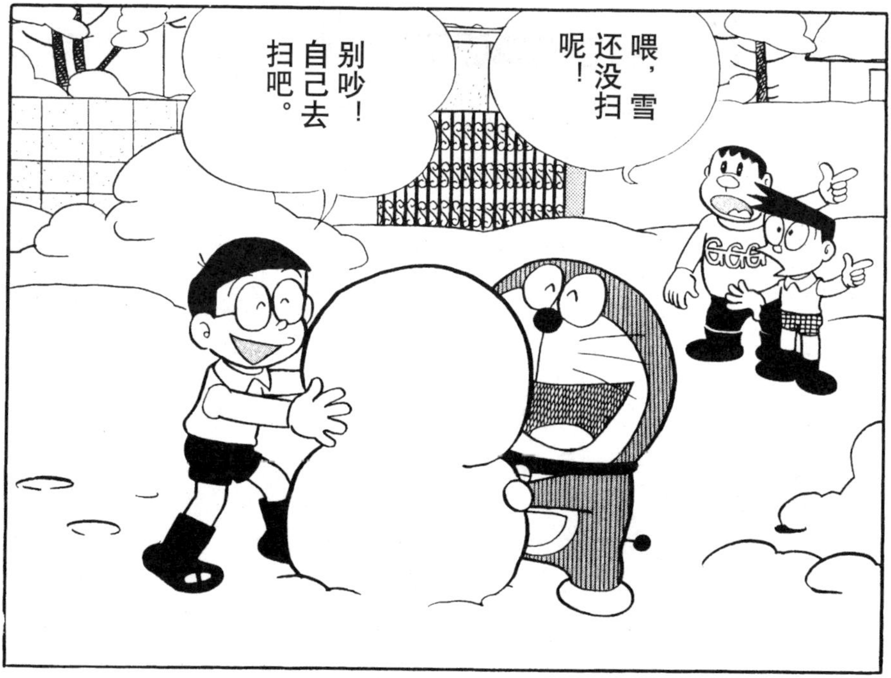
喂，雪还没扫呢！
别吵！自己去扫吧。

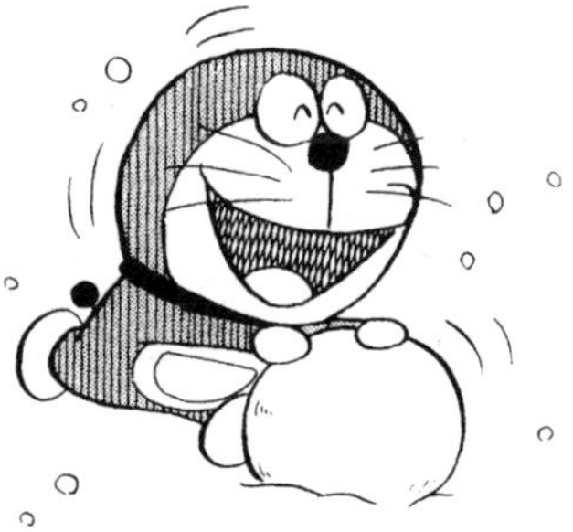

雪和冰的成因不同

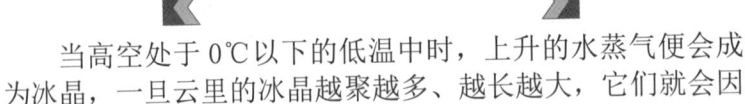

当高空处于0℃以下的低温中时，上升的水蒸气便会成为冰晶，一旦云里的冰晶越聚越多、越长越大，它们就会因太重而下落。

在下落过程中，如果云层底部和地表附近的温度较高，冰晶便会融解，成为雨滴；如果云层和地表附近温度较低，冰晶便会在下落过程中逐渐成长，最终变成雪降落到地面。

既然冰和雪都是水的固态存在形式，那它们之间又有什么不同呢？冰是水结冻后变成的，而雪是由水蒸气凝结而成的。冰是固态物质，十分坚硬，但水蒸气中的分子相当松散，只有在低温条件下冻结之后，才会慢慢聚集在一起，化身为晶莹的雪花。

插图 / 佐藤谕

雪和冰有什么区别？

降雪原理

冰晶

1. 水蒸气会在高度5000～6000米、气温-25℃以下的高空凝结成冰晶，进而形成云。

2. 当越来越多的冰晶聚在一处后，就会因为过重而脱离原有的空气牵引力，慢慢沉降到云的底部，之后又在-15℃左右的环境中变为雪结晶。

雪结晶

3. 这些雪结晶继续下降，在通过0℃以上的云或大气时就会变成雨；而当云或大气的温度在0℃以下时，雪结晶就会变为雪花降临人间。

雨　　雪

插图 / 加藤贵夫

100

百变天气放映机

雪结晶的形状

60度
60度

每一片雪花都是独一无二的

如果大家有机会用显微镜仔细观察那些剔透的雪花，经过观察，你们就会发现：雪结晶是由独特的60度角构成的，形态十分美丽。据说，在这个世界上是找不到两片一模一样的雪花的。

雪结晶的样子为什么如此纷繁多变呢？这与它形成时的气温高低和水蒸气量的多少都有关系。举例来说，六角形的雪结晶一般形成于 -4℃～0℃ 或 -20℃～-10℃ 这个温度范围内；而角柱状结晶是雪花的另一种常见形态，是在 -10℃～4℃ 或 -20℃ 以下的环境里生成的。无论是六角形结晶还是角柱状结晶，二者生成的前提都是水蒸气的量有所增加（六角形结晶朝横向发展，角柱状结晶则向纵向发展），而结晶的造型复杂程度又与水蒸气的多少成正比关系，只有在水蒸气较多的时候，结晶的形状才更为奇特。

往纵向生长的雪结晶

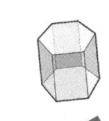

角柱状结晶
这种雪结晶从小型的六角柱结晶生长而来。

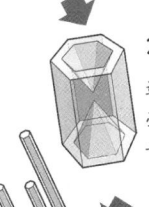

角柱状结晶（杯形）
这种结晶可达0.5毫米，中部有杯子状的空洞。

针状结晶
会有像针一样的细结晶凸出来，大小约为2～3毫米。

往横向生长的雪结晶

六角形结晶
大小约为0.5～1毫米，与角柱状结晶一样，也是从小型六角柱结晶生长来的。

扇形结晶
从六角形结晶延伸而来，发展出了像6把扇子一样的造型，大小约为1～2毫米。

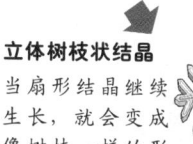

立体树枝状结晶
当扇形结晶继续生长，就会变成像树枝一样的形状，最大可达10毫米。

插图/加藤贵夫

北方的雪多于南方

因为我国北方位于高纬度区域,气温低于南方,再加上冬季风的影响,我国北方地区在冬天就会长期处在0℃以下的温度中。而因为冬季风在南下过程中会被南北两方的分界线"秦岭——淮河"一线阻挡,所以就停留在北方,带来降雪。

我国冬季盛行西伯利亚高压,而我国北部一带基本上没有高山,寒流等自然灾害便极易越过蒙古,直袭我国。同时,由于我国北方属温带季风气候,冬季温度低于0℃,暖湿空气遇到寒流时温度会急剧下降,从而形成降雪。

而我国南方有高山的阻挡,寒流无法翻越,只能堆积在北方,同时因为我国南方属亚热带季风气候,冬季低温在0℃～16℃之间,温度很难达到形成降雪的要求,所以降水多为下雨。

降雪对南方的影响

虽然我国南方的降雪明显少于北方,但南方一旦出现大范围降雪,就更容易造成灾害。这是为什么呢?

由于来自西伯利亚的冷空气极其干燥,所以它为北方带来的降雪次数虽多,但每次量并不大。而南方地区的湿度本身就很高,再加上信风的作用,就使得单次的降雪量非常大,有时一次的降雪量就超过了北方一年的降雪量,所以南方的雪灾更为严重。

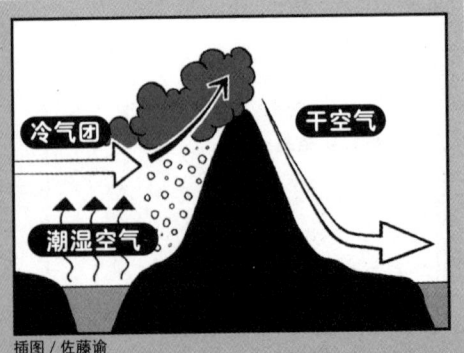

在交通方面,北方的公路上虽然也会有积雪,但一般不会融化,而且量不会很大,即使融化了也会很快蒸发掉,不会在

插图/佐藤谕

我国的降雪情况

地面上留下积水，冻结成冰。被汽车压实的雪的摩擦力比冰高多了，即使要爬坡，安上防滑链，汽车就可以在雪面上前进。而南方路面上的雪往往会融化成水，而且很快又冻结成冰，一层一层覆盖在路面上，减小了车轮在冰面上的摩擦力，使得行车变得极其危险。

什么情况下会出现冰雹和霰？

除了会下雨和下雪外，天空中有时还会降下冰雹和霰这样的物质。

这两种物质也是一种冰晶，同样是由附着在云周围的水滴形成的。我们一般把直径大于5毫米的冰块儿叫作冰雹，把直径小于5毫米的称为霰。

冰雹和霰都是在伴随着强烈上升气流而来的积雨云中形成的。它们在下降到地表的过程中，冰晶的表面会开始融化并受上升气流的牵引再次向上爬，然后在云里吸附新的水滴，之后再次下降。这个下降和上升的过程不断重复后，冰晶的个头儿已经成长到上升气流再也托不住的大小，于是冰晶便最终成为冰雹或霰落到地面上来了。

特别专栏：冰雹的危害

冰雹是降落到地面的冰球儿或冰块儿，通常发生在夏季和秋季当中，是我国主要的灾害性天气之一。通常情况下，降雹的范围比较小，一般宽度为几米到几千米，长度为20～30千米，所以民间有"雹打一条线"的说法。冰雹的降落常常砸毁大片农作物、果园，损坏建筑群，威胁人类安全，是一种严重的自然灾害。

虽然冰雹和霰的成因基本相同，样子看起来也有点儿相似，但还是很容易区分它们的，只需要把握以下三点：

第一，霰多在冬春季节的下雪前或下雪时出现，而冰雹常出现在对流活动较强的夏秋季节里；

第二，霰如米粒大小，不具有什么破坏力，而冰雹都比较大，甚至有的大小和鸡蛋、高尔夫球差不多，因而破坏力很大；

第三，从视觉上看，冰雹是半透明的，而霰一般是不透明的。

习惯打雷

好像就落在附近了。
咦？大雄哪里去了？
被人家笑话就回来了，太没用了！
打雷只不过是放电现象罢了。
这我知道。可是，我就是害怕嘛！
真是没用啊！
用这个你就会习惯打雷了！
什么？
这叫『雷电云』。虽然体积很小，可放电却很强。
逃走可不行，你要学会适应。

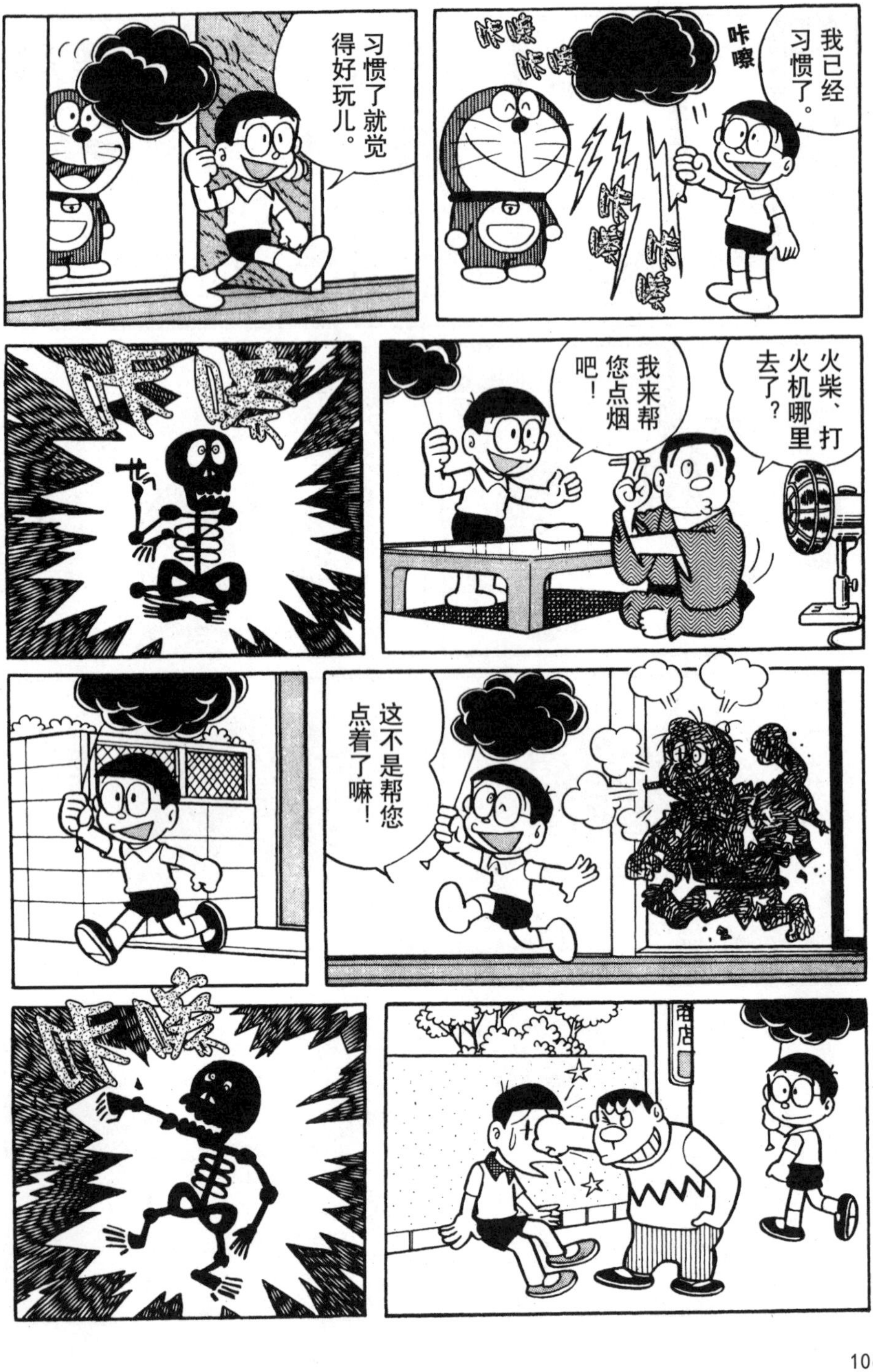

百变天气放映机Q&A

Q 人们常常会锁定哪种气象现象的发生位置，然后去现场进行拍摄？①雷。②龙卷风。

A ② 龙卷风。『追风者』是人们给予那些勇于冒着生命危险拍摄龙卷风的人的称呼。

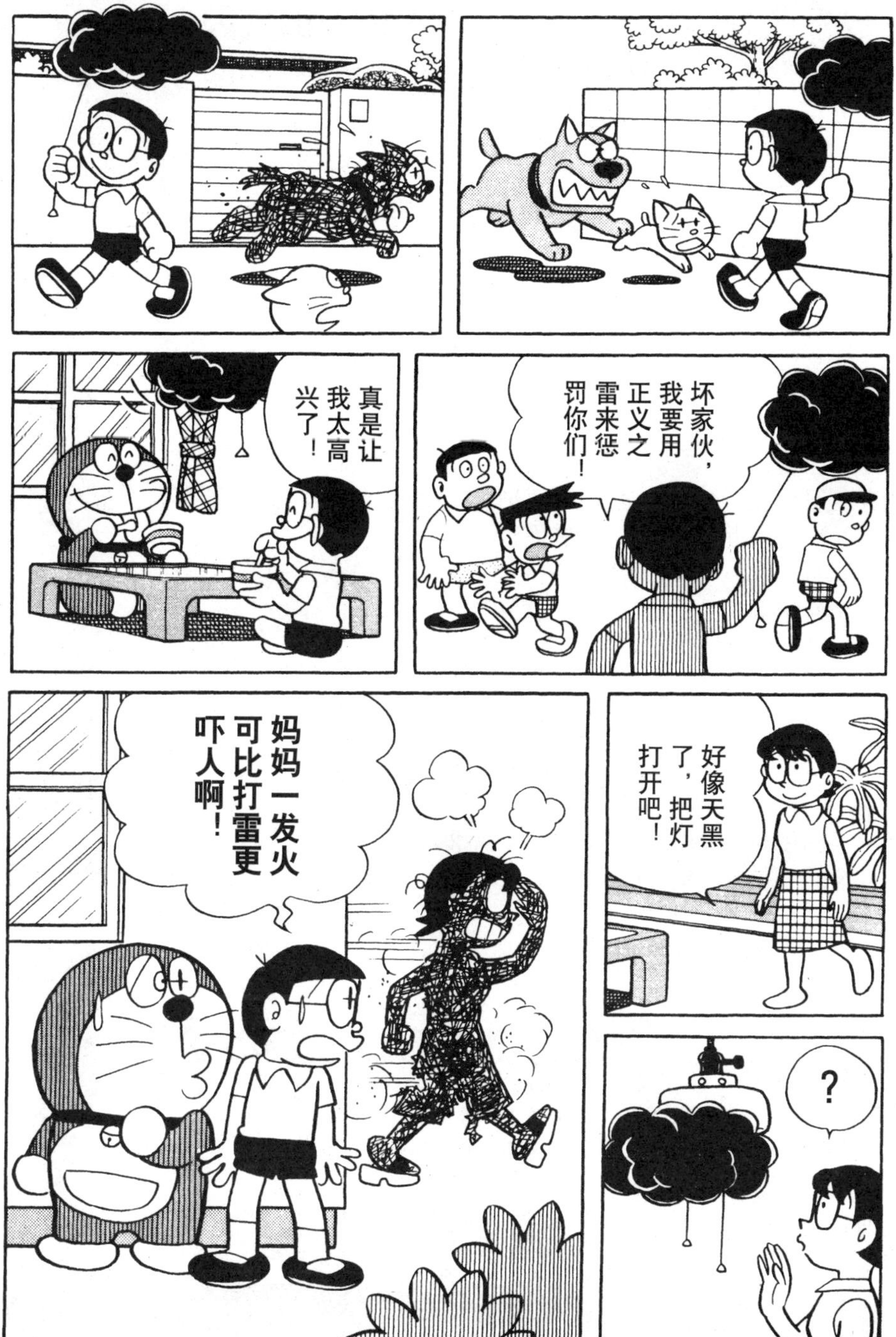

闪电的成因与静电相似

干燥的秋冬季节里,当你晚上脱掉厚重的毛衣时,经常会发出噼啪声,有时你还会看到小火花,那就是静电现象。静电现象之所以会产生,是因为物质中的一些电子在摩擦过程中因移动而带了电。闪电的发生原理也与之相似。

▲虽然眼睛看不见,但物质之间的电子正在转移。

让我们回顾一下有关积雨云(请参阅第73页的内容)的知识吧。云中的冰晶在降落时因为速度有快有慢,所以在落下时会不断碰撞摩擦,进而产生电流。

随着这种碰撞和摩擦的持续进行,积攒在云中的电就会被逐渐释放出来,于是闪电就这样产生了。

闪电中的电能应用于生活吗?

闪电持续的时间虽然很短,最长也才不过0.1秒,但这一瞬间却能产生极大的能量。据估算,一次闪电所释放的能量足够给一户普通的家庭供电1～2个月。既然如此,那我们为什么不能像利用太阳能和风能那样,去运用闪电所携带的能量呢?

目前,这个想法实现起来还十分困难。我们无法从闪电中汲取能量,最主要的原因就在于闪电是无法预测的,而且无法像太阳能和风能那样持续存在。

从数字了解闪电的大小
- 发光时间:1/1000秒～1/10秒
- 长度:数千米
- 电流:数千安至数十万安
- 电压:约有1亿伏

插座	配电线	输电线
1.5 100	800 6600	50万 1亿 (V)

干电池　电鳗　　　　　　雷

自然界为什么会产生打雷、闪电的现象?

冰晶会引起静电并形成闪电

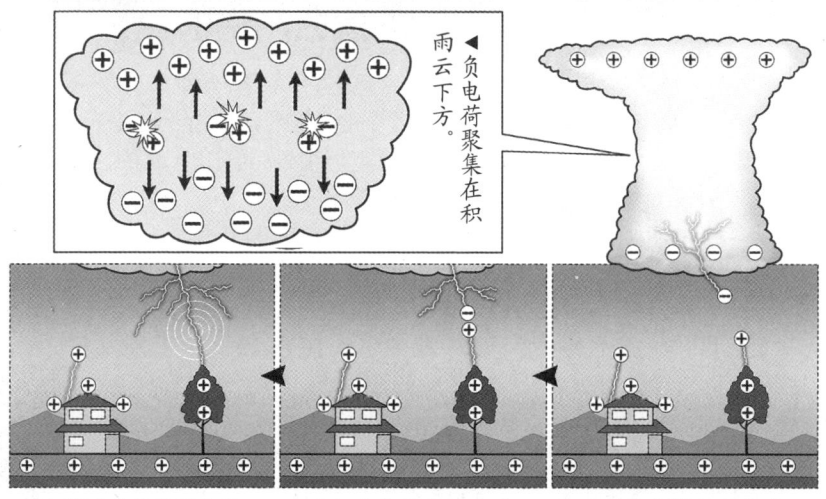

◀ 负电荷聚集在积雨云下方。

▲当附近空气急剧变热时,震波便随之产生。

▲云与地表的电相互吸引,引发闪电。

▲云的负电荷与地表的正电荷彼此吸引。

特别专栏

打雷闪电时,放风筝的富兰克林

美国人富兰克林是第一个证实了闪电就是电的科学家。据说为了证实这一点,他曾在打雷闪电的天气里,站在户外放风筝。但这个传闻至今在科学界仍存在很大争议,有学者提出,即便富兰克林真的做过这个实验,也只可能是被风筝上带的一些静电电到。

▲这种行为会危及生命,请大家千万不要模仿!

雷的轰隆声是从哪里发出的?

闪电过后,我们通常都会听到伴随着闪电而来的雷声。这种巨响是雷打到地面而发出的声音吗?其实并不是。当电流经过某个区域时,热气会使闪电周围的空气因剧烈膨胀而形成震波,打雷的声音就来源于此。

我们之所以先看到闪电后听到雷声,是因为在空气中,光的传播速度极快,很快就能到达地面,而声音在空气中的传播速度要慢得多,所以要过一会儿才会传到大地上来。实际上,闪电和雷声是同时出现的。又因为雷声遇到云层或高大的建筑物后会产生反射,所以闪电过后雷声一般要持续一段时间才会消失。

数据提供／日本气象厅

日本每月龙卷风的确认件数（1991～2013）

月份	1	2	3	4	5	6	7	8	9	10	11	12
件数	约12	约17	约12	约15	约20	约25	约35	约42	约87	约62	约38	约23

▲ 日本堪称亚洲的龙卷风大国，一整年都会出现龙卷风。

龙卷风是怎么产生的？

龙卷风是一种风力极强的旋风，它的形状就像一个从云中垂下的巨大漏斗。

科学家们普遍认为，龙卷风的发生与地表和高空的巨大温差有关系。当地面温度较高，空气中的水蒸气含量也十分高时，地表的水蒸气大量涌入高空，便会形成积雨云。当积雨云中的水蒸气因遇冷而猛烈收缩后，体积会急剧变小，这时，周围的空气便赶忙过来填补剩余的空间。这种急速的空气流动在科里奥利力的作用下会逐渐呈现为旋涡状。随着这种气流一步步加强，令人闻之色变的龙卷风便生成了。

龙卷风出没在何时何地？

龙卷风是如何产生的

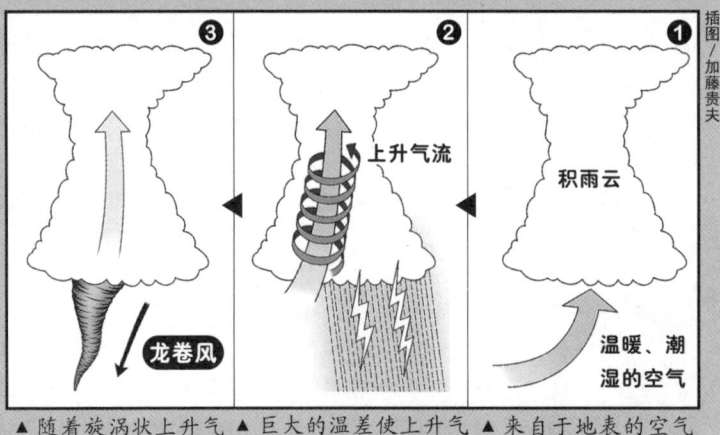

插图／加藤贵夫

❶ 积雨云　温暖、潮湿的空气
▲ 来自于地表的空气中的水蒸气在上升途中不断被冷却，形成积雨云。

❷ 上升气流
▲ 巨大的温差使上升气流呈现出旋涡状，同时，下降的雨滴会引发较强的下沉气流，产生猛烈的雷雨或冰雹等强对流天气。

❸ 龙卷风
▲ 随着旋涡状上升气流的不断增强，这部分气流抵达地面后形成恐怖的龙卷风。

110

超大胞和普通积雨云的区别

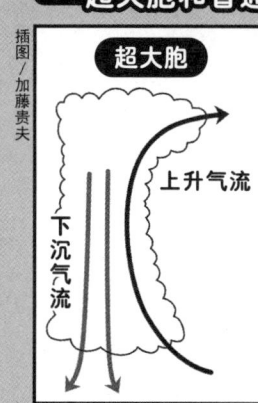

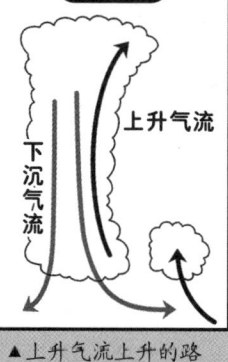

插图/加藤贵夫

超大胞
上升气流
下沉气流

积雨云
上升气流
下沉气流

▲ 巨型积雨云的形成，离不开上升气流持续的能量补给。

▲ 上升气流上升的路径会被下沉气流所阻挡。

为什么会出现大型龙卷风？

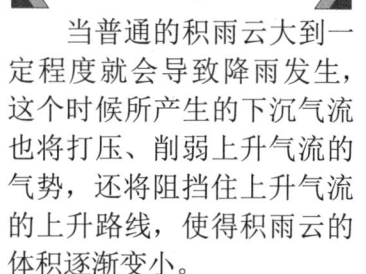

当普通的积雨云大到一定程度就会导致降雨发生，这个时候所产生的下沉气流也将打压、削弱上升气流的气势，还将阻挡住上升气流的上升路线，使得积雨云的体积逐渐变小。

而在"超大胞"（一种特殊的积雨云）里，上升气流和下沉气流的路径呈现出多样化态势，这就使得上升气流无法被阻隔，还可以源源不断地给积雨云提供能量，壮大积雨云的势力。因而，由超大胞所带来的龙卷风也总是格外剧烈、恐怖。

龙卷风风速可用"藤田级数"来推测

等级	预估风速	受害状况
F0	风速17m/s～32m/s	把烟囱和树枝吹断，将路标和瓦片吹跑。
F1	风速33m/s～49m/s	可以把木板房的屋顶卷走，把活动板房吹翻，把汽车刮出去几米远。
F2	风速50m/s～69m/s	把木板房的房顶和墙壁吹跑，把汽车吹翻，把大树连根拔起。
F3	风速70m/s～92m/s	把木板房的墙壁和里面的家具吹跑，所有轻的物品漫天飞舞。
F4	风速93m/s～116m/s	把木板房夷为平地，汽车和树木被带入空中。
F5	风速117m/s～142m/s	把坚固的建筑物吹起，大型汽车、火车也会被吹到很远的地方。

▲ "藤田级数"由美国芝加哥大学的美籍日裔气象学家藤田博士于1971年提出，现为全世界通用。

科学技术尚不能及时做出预测

尽管现在我们的科学技术水平已经十分高超，观测仪器也越来越先进，我们对天气状况的预测也越来越精准，但令人遗憾的是，虽然我们对积雨云的观测技术有了明显提升，但在对龙卷风的预测上却还是很难取得更大的突破，人类只能继续承受龙卷风所带来的巨大破坏力，用非常有限的努力去避免一些伤害。希望在不久的将来，科学技术能有新的发展，人们能够准确且及时地预测这种生成时间短、突发性强的天气现象。

台风的孩子

啾……
啾啾……
好了，该回家去了。
真听话啊。
自从它孵化出来，我就一直养它了。
无论什么动物，只要你用心照顾，它就一定会听你话的。
我也想好好养一个刚从蛋里孵出来的东西。
你学得倒快。

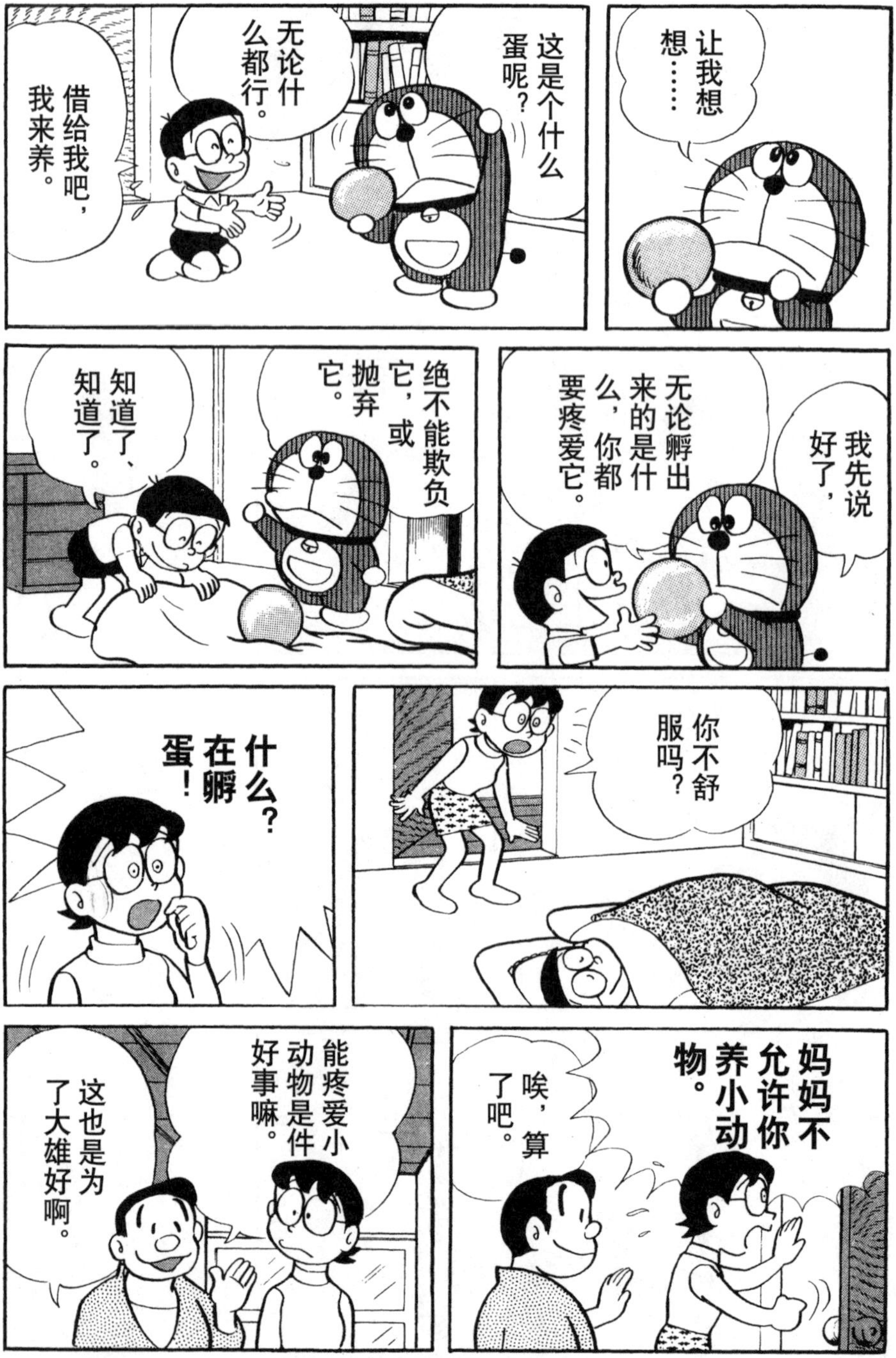

百变天气放映机Q&A

Q 监测史上台风持续的最短时长是多久？①三小时。②一天。③三天。

A

㊀三小时。寿命最长的是一九八六年的韦恩台风，时长为十九天六小时；寿命最短的是一九七四年的二十九号台风。

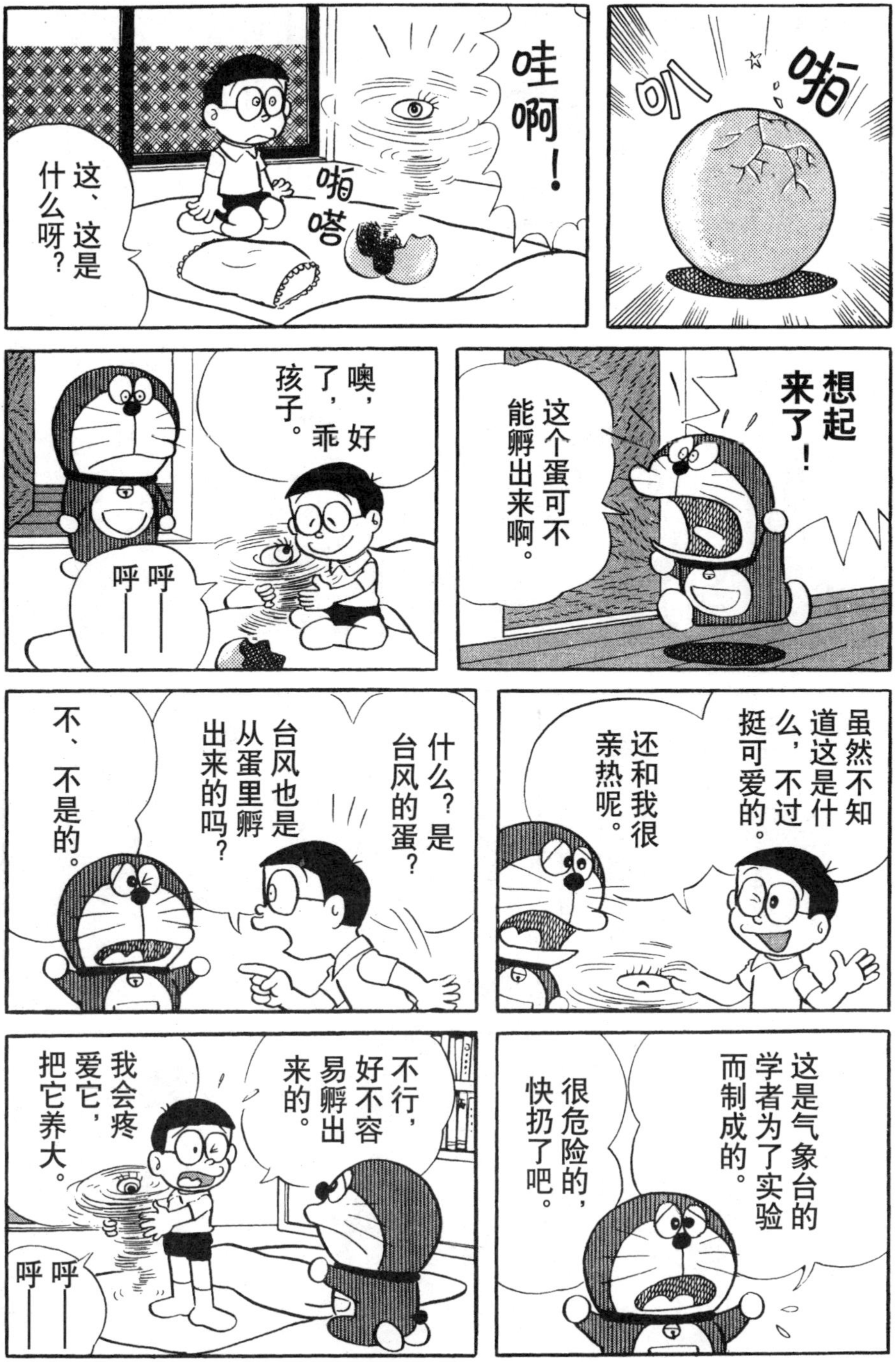

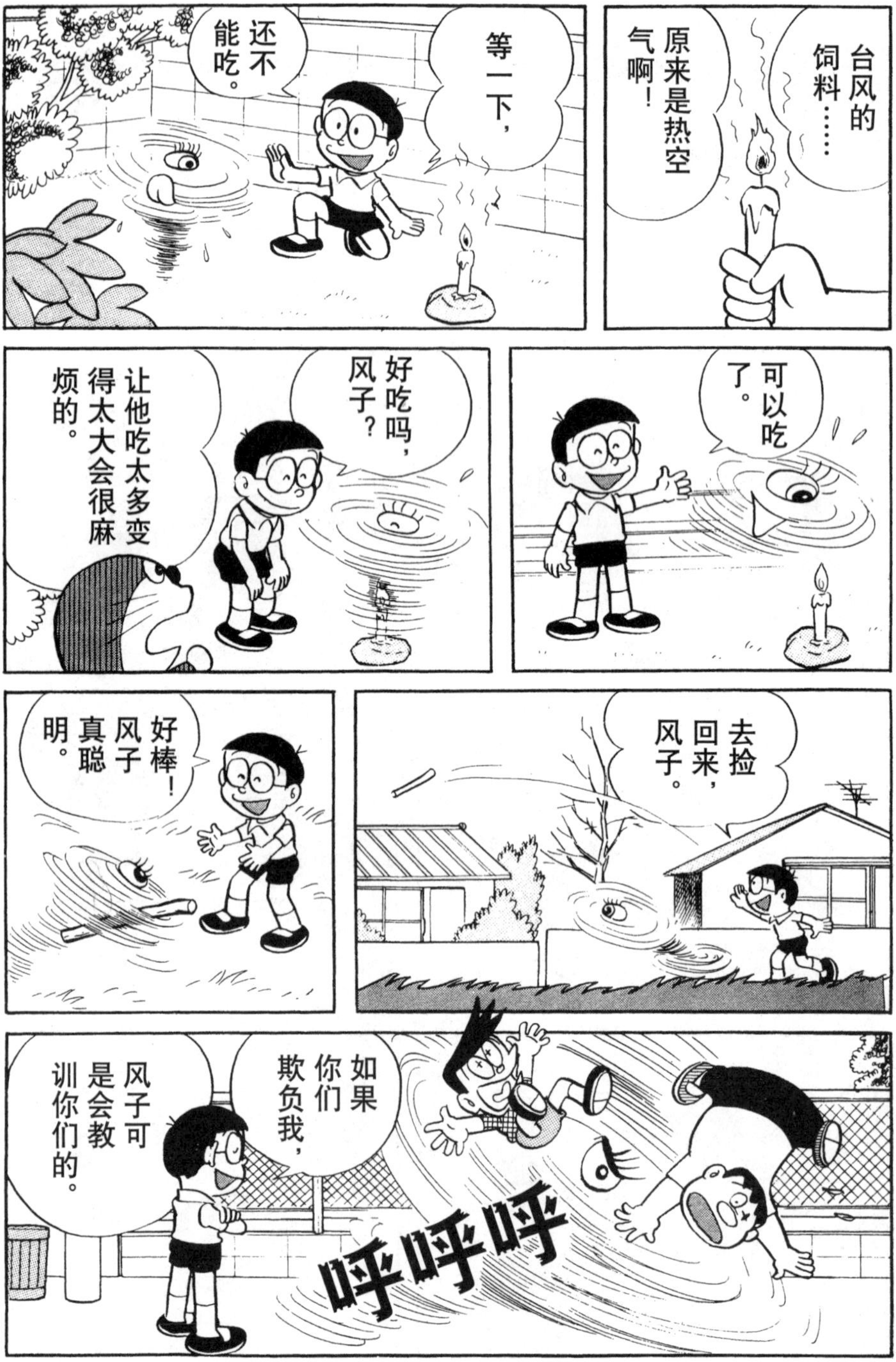

百变天气放映机Q&A

Q 台风的命名依据是什么？①用事先定好的名字命名。②等台风生成后再命名。

A

（一）用事先定好的名字命名。台风形成并受其影响的国家和地区会共同事先制订一个命名表，然后按顺序循环使用。

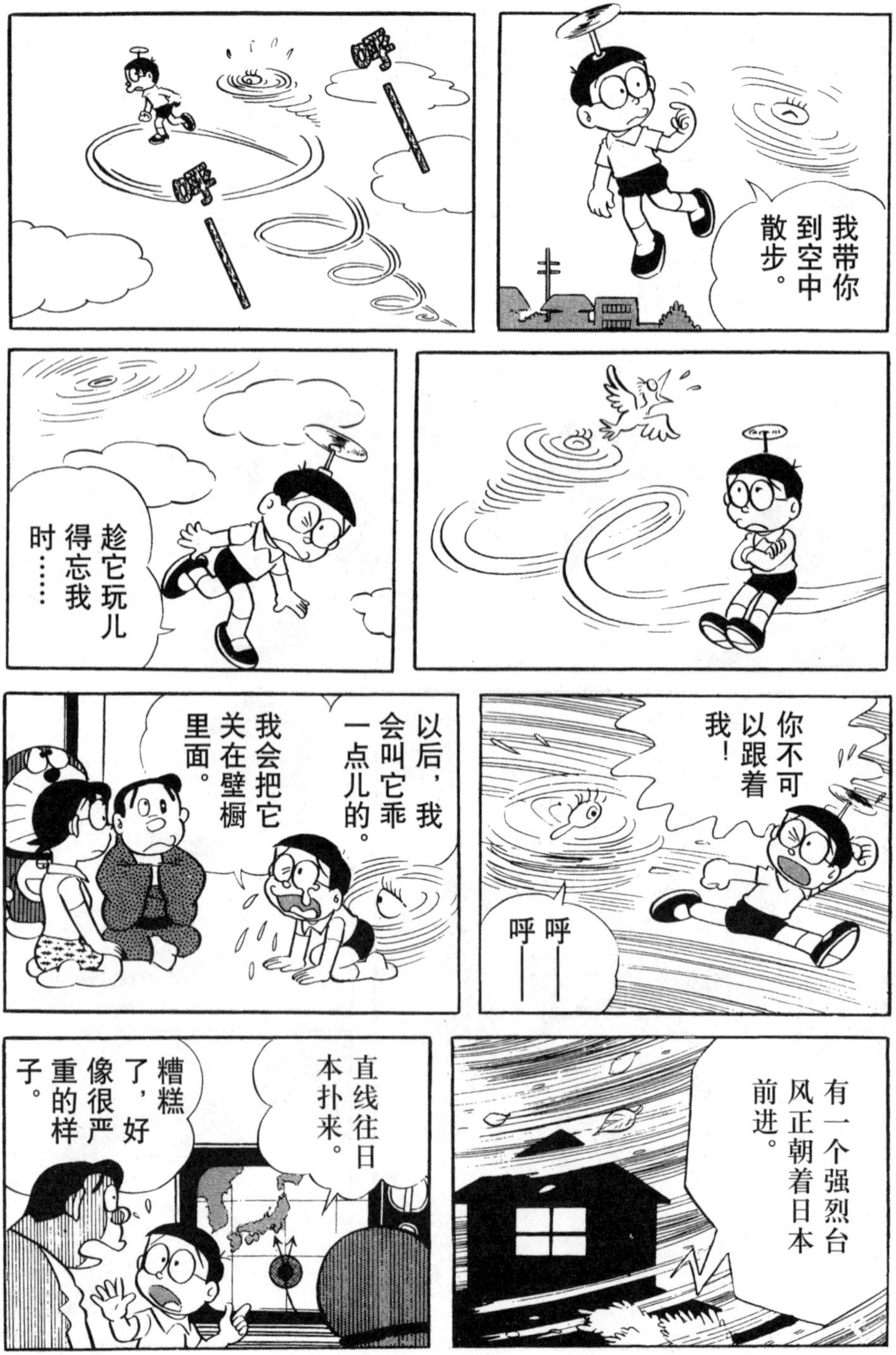

百变天气放映机Q&A

Q 当台风风速达到最低认定标准（每秒十七点二米）时，你无法做什么？①写字。②玩儿跳绳。

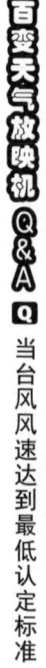

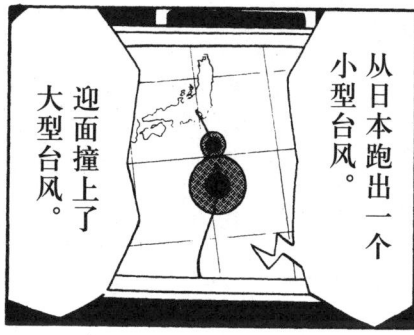

②玩儿跳绳。这是根据实验得出的结论。

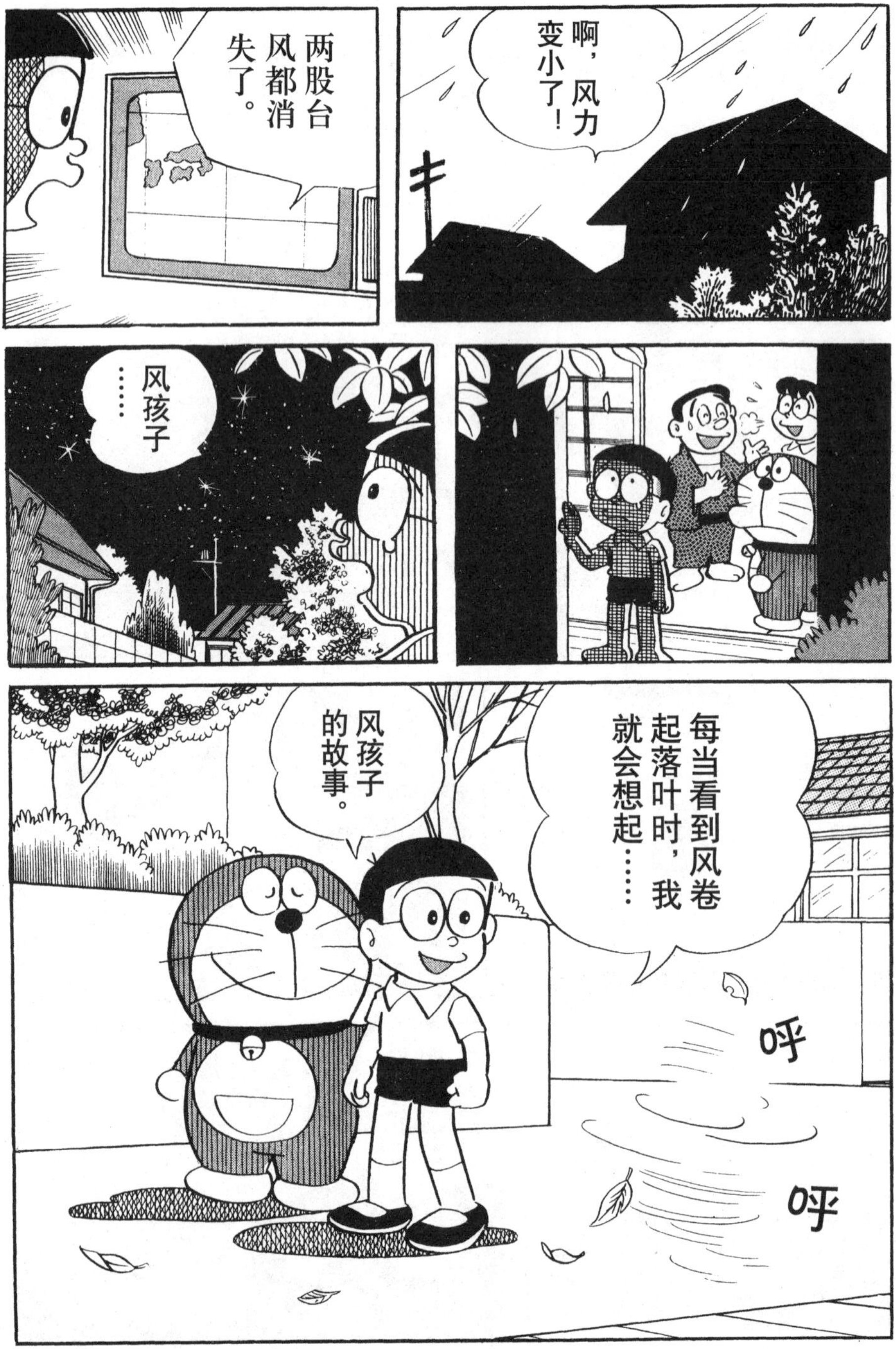

啊，风力变小了！
两股台风都消失了。
风孩子……
每当看到风卷起落叶时，我就会想起……
风孩子的故事。
呼
呼

百变天气放映机

寻找台风的『老家』

最常发生台风的地区

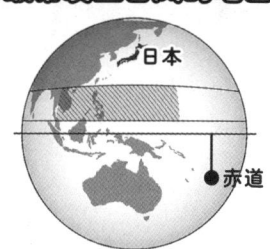

▶通过人造卫星拍摄的照片，我们可以清晰地看到环绕在赤道附近的密集云团。

影像提供／日本气象厅

大规模的积雨云里埋藏着台风的种子

台风最常出现在北纬5度～20度这一区域，那里的海面是多数台风的出生地。台风之所以选择这里作为"老家"，是因为这一区域全年都能接收到充足的光照，而光照正是促使海水温度升高的重要因素。随着温度的不断升高，暖空气会携带着大量水蒸气开始上升，为台风的生成准备好条件。据统计，在每年发生的约30场台风中，有一大部分都来自于这个海域。

左上方的照片是人造卫星用特殊相机（红外线相机）拍摄下来的海域照片。从照片中，我们可以清晰地看到那些位于高空的白色低温云层，这些云层像带子一般连在一起。那片云带就是积雨云，也被称作"云团"。云团的存在，是形成热带性低气压的重要前提，而当热带性低气压不断增强后，台风发生的可能性也就随之增大。通常台风的形成都需要数天的时间，但有时也只要短短几个小时，一场可怕的台风便已生成。台风生成后，它们一般会维持2～3天的时间，然后慢慢平息，最终消失不见。

特别专栏：台风、飓风和气旋其实是同一回事

活跃的热带性低气压在不同地域拥有着不同的名字，台风、飓风和气旋其实指的都是同一种现象，只不过，生成地点在太平洋的被唤作台风，而生成地点在大西洋和印度洋的则分别被称为飓风和气旋。此外，只有最大风速达到17.2米/秒的热带性低气压才能被称为台风。

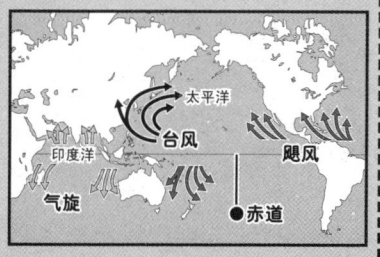

插图／加藤贵夫

充足的海洋水蒸气是台风生成的动力来源

　　源源不断的海洋水蒸气是台风生成的动力来源,也是必备条件之一,因而台风只能生成于温度高于26℃的海面上。在那里,经过太阳一天的照射,海面的水受热大量蒸发,上升到空中形成了积雨云。这些云中的水蒸气在遇冷从水蒸气变回水滴的过程中会产生大量热气,即"潜热",潜热会使周围的空气在变暖后继续上升。在这些空气受热上升后,云的中心气压下降,会吸引附近的冷空气过来补充,之后,这些补充的冷空气也会受热上升。如此循环反复,上方不断扩大的云团受科里奥利力的影响旋转起来,便成为热带气旋。

　　伴随热带气旋而来的低气压就是热带性低压,而热带性低压正是台风的种子,如果再有不断上升的旋转气流注入,这颗种子就会开始生长,逐渐变得强大,最终成长为台风。

　　当台风登陆或进入温度较低的海面后,因为不再得到水蒸气的能量补给,威力便会慢慢减弱。

台风是如何形成的?

台风的饲料……原来是热空气啊!

台风形成的过程

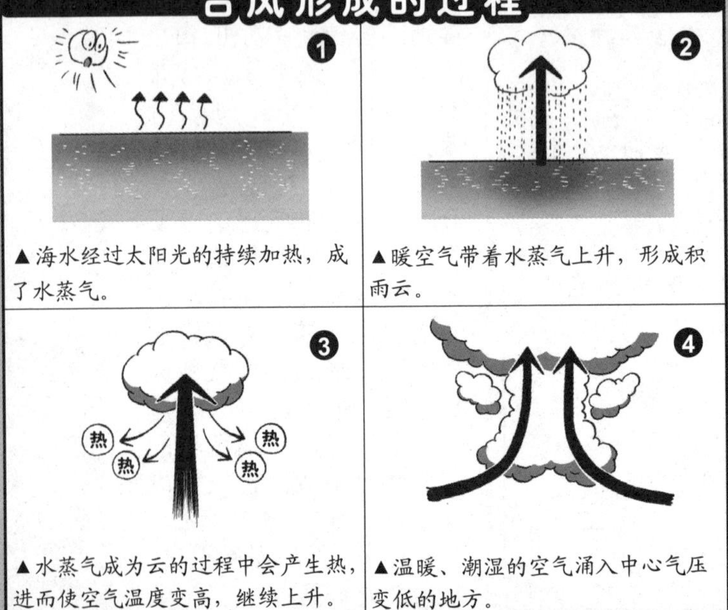

❶ ▲海水经过太阳光的持续加热,成了水蒸气。

❷ ▲暖空气带着水蒸气上升,形成积雨云。

❸ ▲水蒸气成为云的过程中会产生热,进而使空气温度变高,继续上升。

❹ ▲温暖、潮湿的空气涌入中心气压变低的地方。

插图 / 佐藤谕

解剖台风

薄薄的卷云出现在天空上方。

台风眼
旋转时所产生的离心力与向中心旋转吹入的风力互相抵消，使强风不能再向中心聚合，使这一区域云消雨散，形成空洞。

空气流动

积雨云的上升活动持续着，并在几十分钟到几小时内不断更新。

气流旋涡卷着水蒸气持续攀升。

插图 / 加藤贵夫

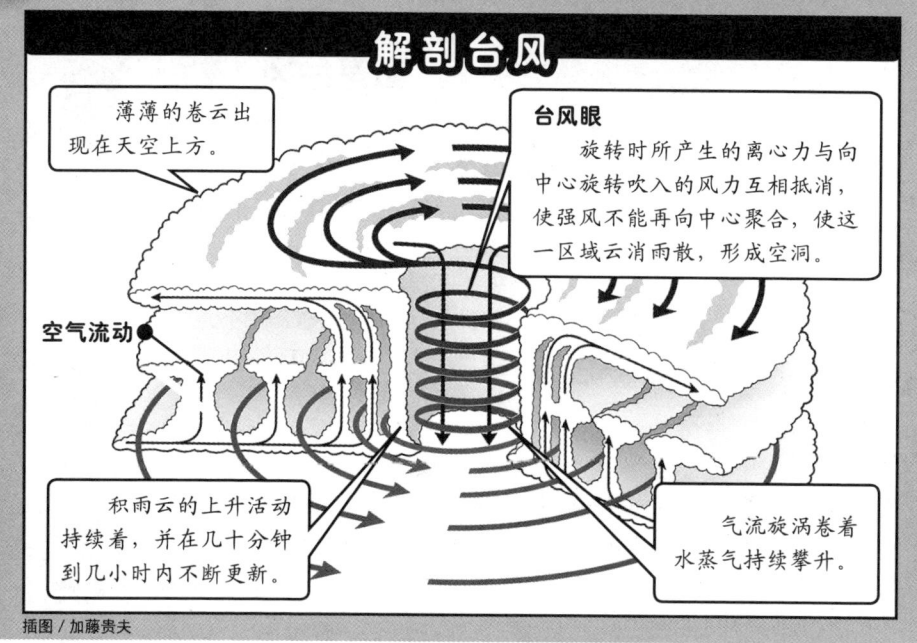

特别专栏：台风和龙卷风为什么大不相同？

台风和龙卷风是两种截然不同的现象，如果非要找出共同点的话，那也只有同是"空气旋涡"这一点了。

龙卷风的规模远小于台风，不管是大小还是移动速度都无法与台风比拟。举个直观的例子，龙卷风的直径最大才百米左右，移动距离只有数千米，但小型台风的直径就可以达到100千米，而且会在维持这个大小的状态下，快速移动数千千米。

它们之间最重要的区别还在于，台风是受科里奥利力影响的，因而会沿着一个方向旋转，而龙卷风所受的科里奥利力的影响要小得多，因此每场龙卷风的旋转方向各有不同。

此外，台风只生成在海上，而龙卷风在陆地和海上都可以生成。

现在，你是不是能很好地区分台风和龙卷风了呢？

赤道正上方为什么没台风？

上一页讲到过，足够大的科里奥利力是台风形成的条件之一。受其影响，北半球的台风，其旋涡一般呈逆时针方向旋转；而发生在南半球的气旋（发达的热带性低气压）则沿着顺时针方向旋转。而赤道正上方并不会受到科里奥利力的影响，即便空气受热上升形成厚云层，也不会呈旋涡状旋转，所以就难以形成台风。

简单来说，赤道上方之所以无法形成台风，是因为赤道上方没有科里奥利力，所以不具备台风生成的自然条件。

台风为什么侵袭我们？

有一个强烈台风正朝着日本前进。

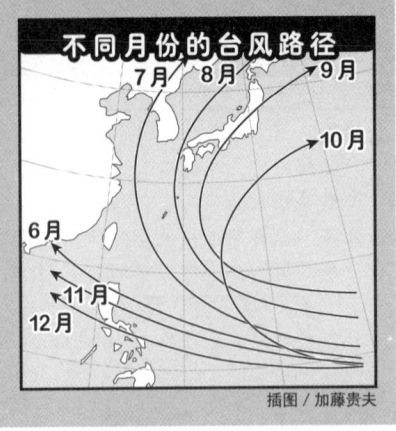

一年四季都有台风

虽然关于台风的报道多出现在夏季和秋季，但这并不代表春冬两季就不存在台风。

如左图所示，地球上一年四季都有台风，只不过夏秋两季的风向与其他两季是截然不同的。

这是因为台风的行进路线与太平洋高压的位置有关。由于太平洋高压在夏秋两季会稍微往西偏，所以这两个季节里生成的台风会沿着太平洋高压形成的弧线走，通常会经过东南亚、日本，一路在我国广东、海南、广西一带登陆。而冬季和春季生成的台风多不经过我国，所以我们也就不大会去关注它们的动向了。

不同月份的台风路径（6月、7月、8月、9月、10月、11月、12月）

插图 / 加藤贵夫

台风右侧的风势更猛

因为受到科里奥利力的影响，台风会朝逆时针方向吹。因此，在右侧，台风自身的风与在其后方推动台风行进的风同一方向，使台风右侧的风势更为猛烈一些；而在台风的左侧，台风自身的风与助推其前进的风则是相互压制、相互抵消的，所以风势相对来说要弱一些。

在海上航行的时候，船员们会利用台风两侧的风势大小不同这一特点来躲避台风的侵害，并将台风两侧的风分别命名为"危险半圈"和"可航半圈"。

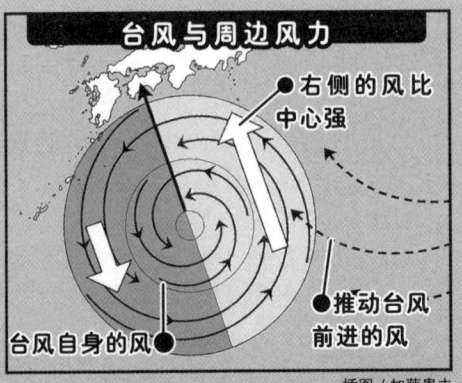

台风与周边风力
- 右侧的风比中心强
- 台风自身的风
- 推动台风前进的风

插图 / 加藤贵夫

124

全球变暖使得台风更为猖狂

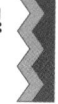

据研究预测,近些年的地球暖化现象还在持续上演,这导致海水温度在未来还会不断上升,而这又势必给台风创造更好的形成条件,使得沿海区域有可能出现更强、更猛的超级台风。

当然,以上的预测只是在"任由地球暖化继续加剧,海水温度将持续上升"这一假设的前提下,并利用超级电脑"地球模拟器"计算地球空气流动状况而做出的相关气象预测。

此外,也有科学家认为,近年来频频出现的"无预警暴雨"等异常天气现象,也与地球暖化有一定关系。至于台风给人类带来的危害该如何应对甚至消除,我们只能寄希望于更加先进的科学预测了。

◀NASA的地球观测卫星于二〇一三年二月所拍摄到的强烈台风。

出处／NASA

特别专栏

台风的大小与强度

根据WMO(世界气象组织)所制定的国际标准,一般以10分钟内的平均最大风速为准,来区分台风的强度等级。不过,由于各个国家对台风的称呼不同,所以对于台风强度的测量方法也有所不同。

下图是中国气象局发布的热带气旋划分等级:

热带气旋等级	最大平均风速	风力级数
热带性低气压	10.8m/s～17.1m/s	6~7级
热带风暴	17.2m/s～24.4m/s	8~9级
强热带风暴	24.5m/s～32.6m/s	10~11级
台风	32.7m/s～41.4m/s	12~13级
强台风	41.5m/s～50.9m/s	14~15级
超强台风	大于、等于51m/s	大于16级

※ 本表依据中国气象局发布的《热带气旋等级》国家标准(GB/19201-2006)改写。

日本变大了

啪
都是你小子没接着！
快逃！
不能怪我！
胖虎的本垒打就是职业棒球手也接不住呀！
你这么说也有道理！
应该找个更大的球场！

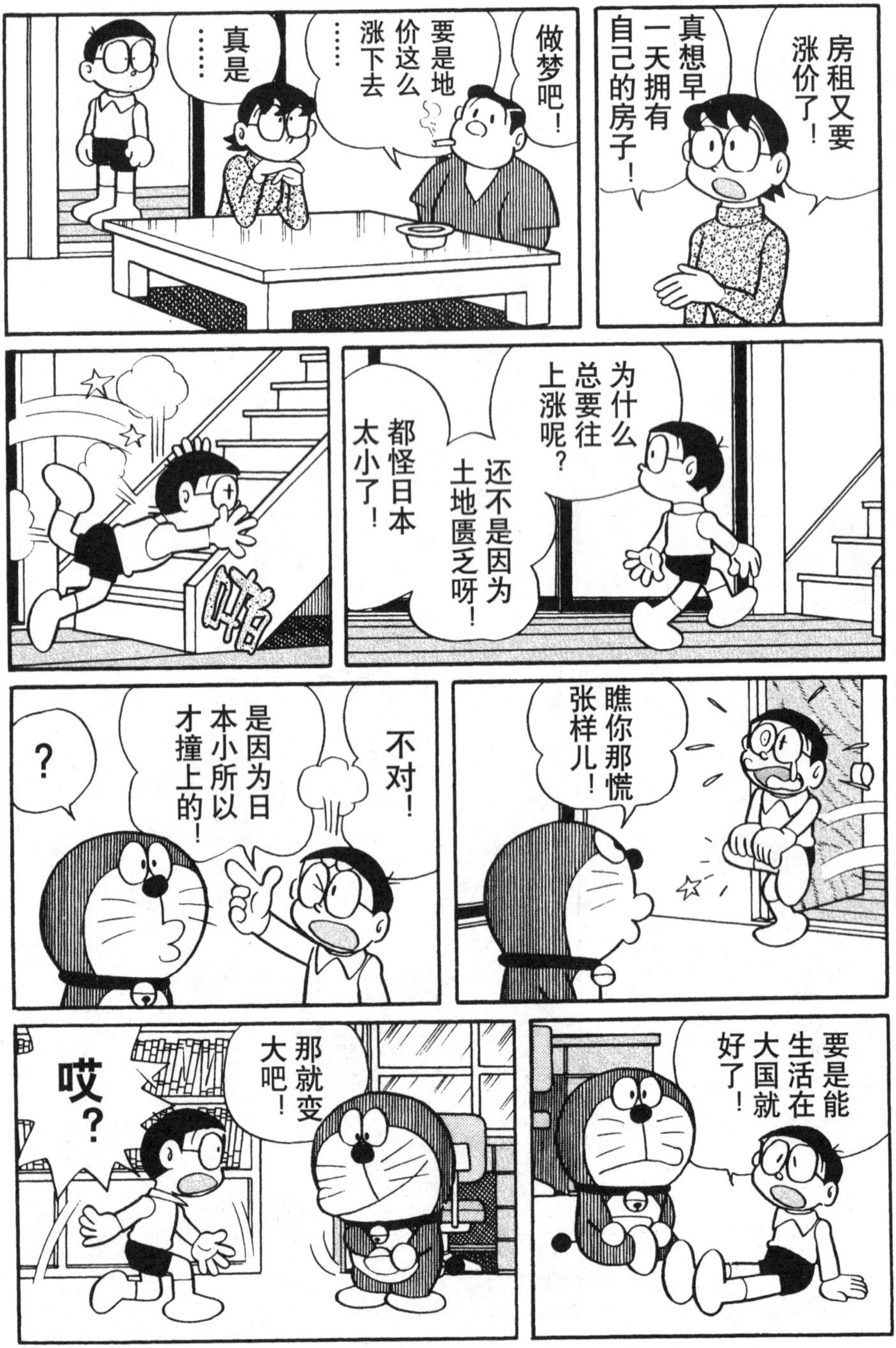

百变天气放映机 Q&A

Q 地球上的海洋彼此都是相连的。这是真的吗？

A 真的。虽然海洋的名称不同，但它们彼此之间都有交界处。换句话说，地球上只有一片海。

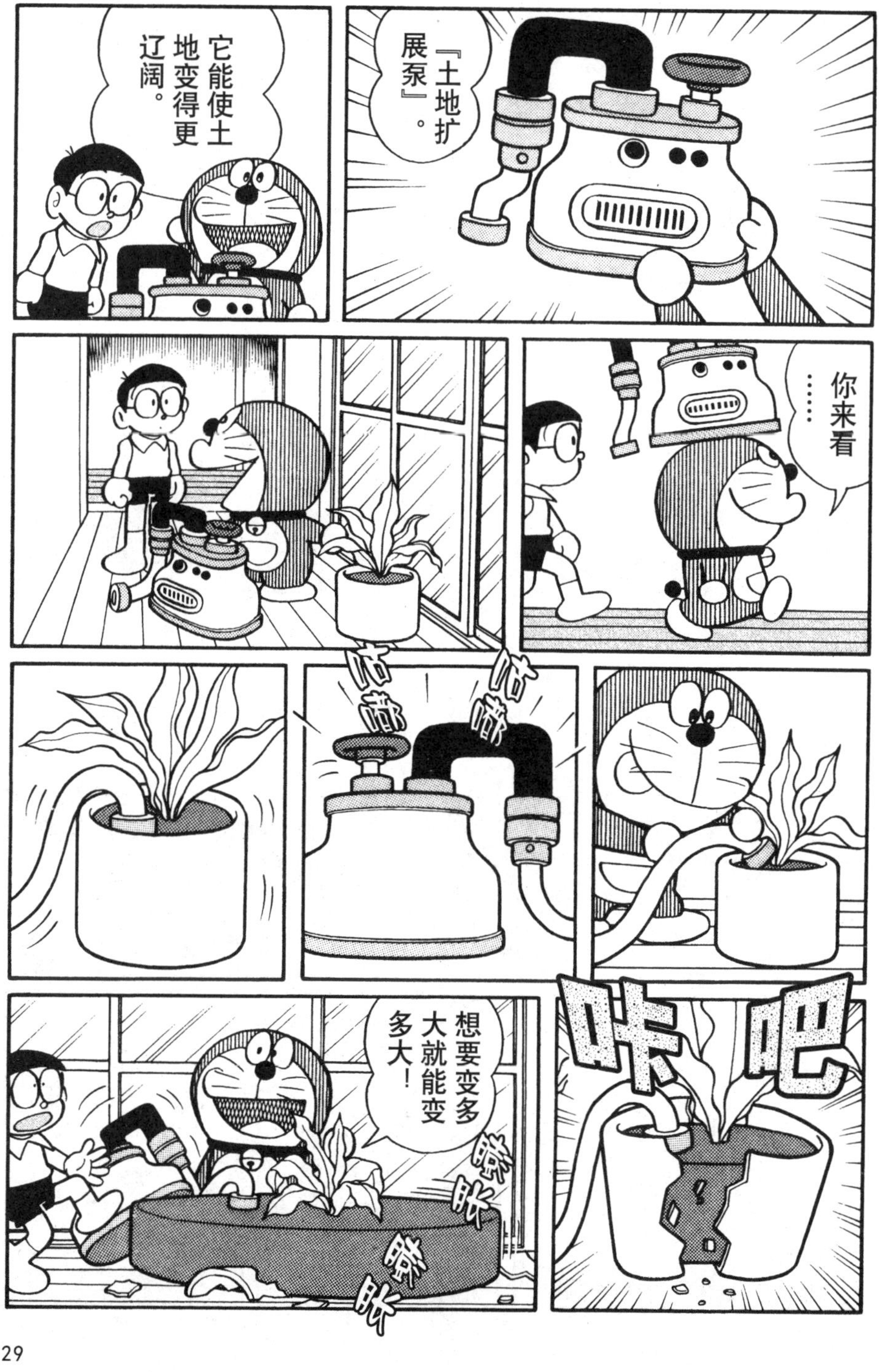

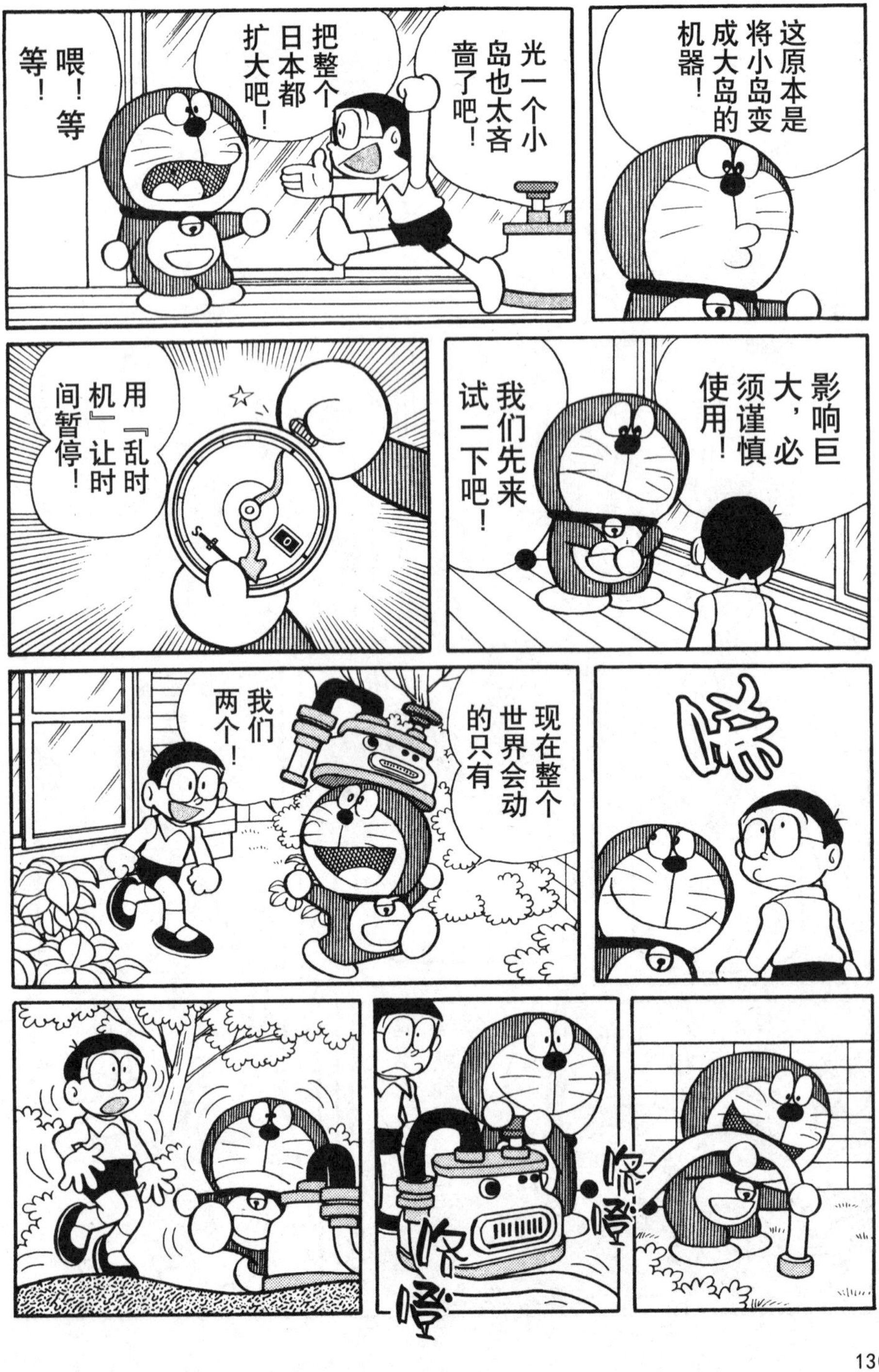

百变天气放映机Q&A

Q 从外太空观测陆地和海洋，它们哪个面积更大？①陆地。②海洋。

② 海洋。地球表面有超过百分之七十的面积都是海洋，海洋的面积比陆地大得多。

Q 北半球的海洋面积比南半球的大。这是真的吗？

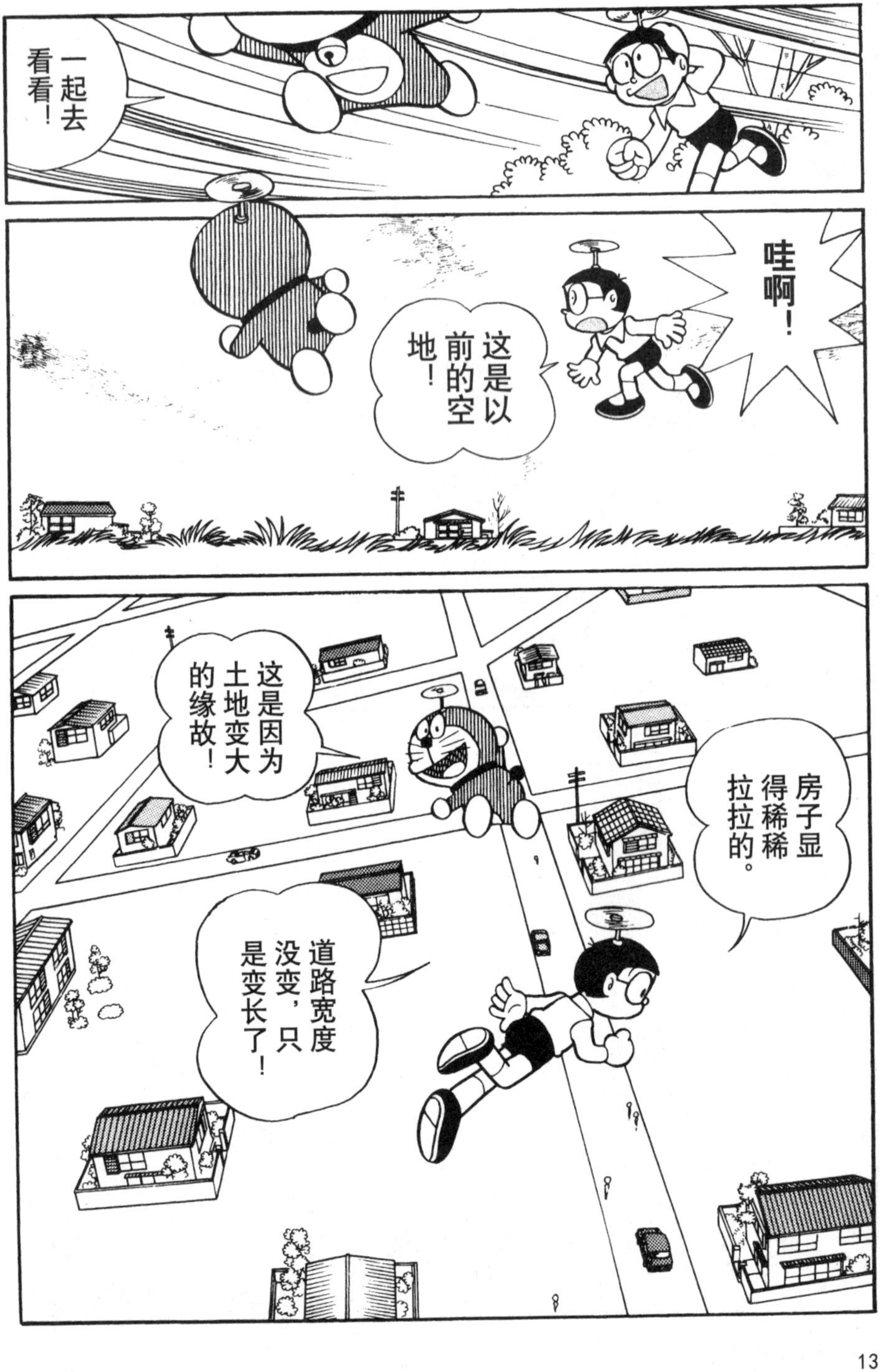

A 假的。北半球的陆地面积约占全球陆地面积的百分之六十八，这也就是说，北半球的海洋面积较小。

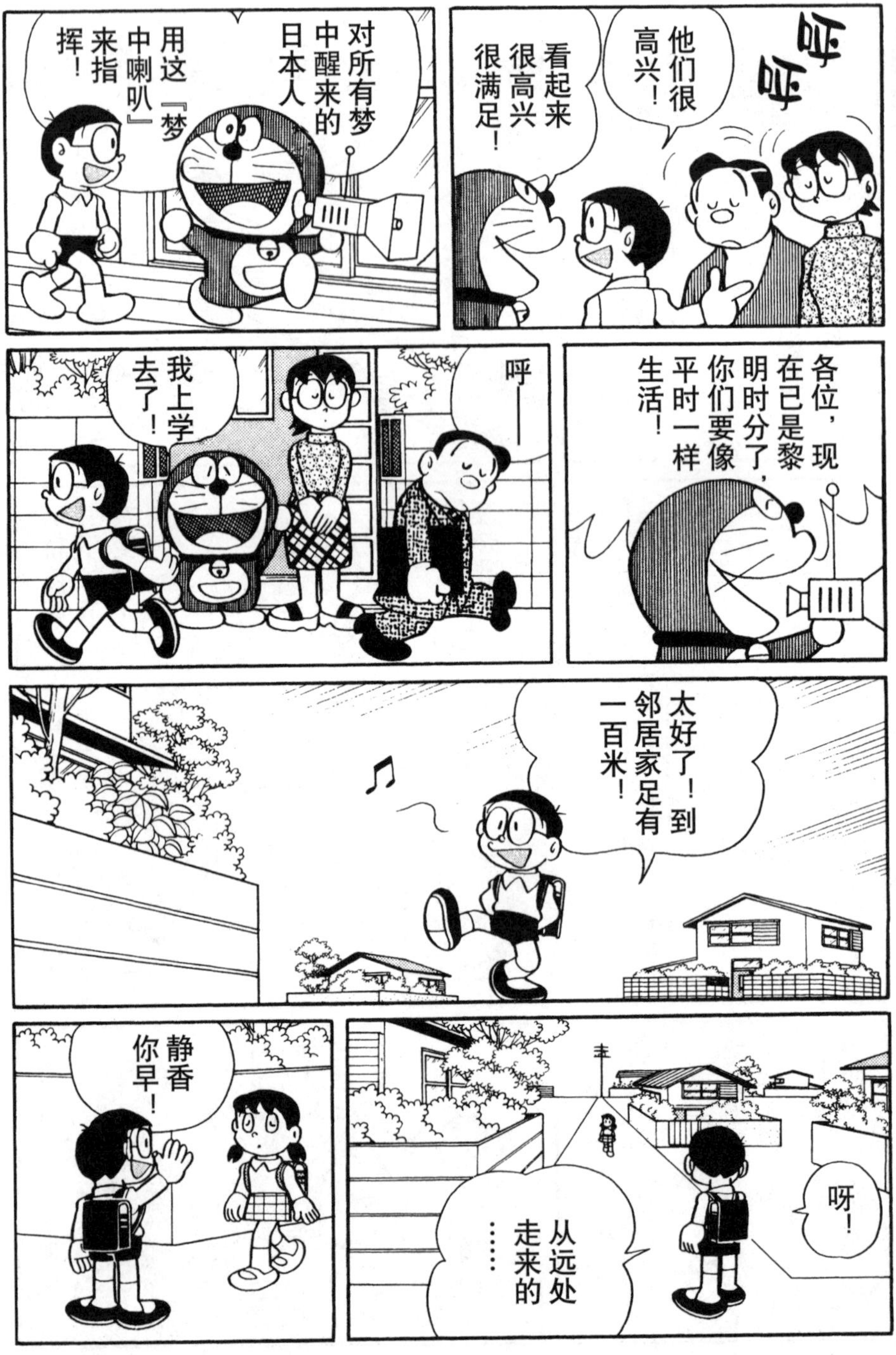

百变天气放映机Q&A

Q 海洋中最深的地方，比珠穆朗玛峰的八千八百四十四米还要深。这是真的吗？

A 真的。目前所知的海洋里最深的地方叫马里亚纳海沟，深度超过了一万米。

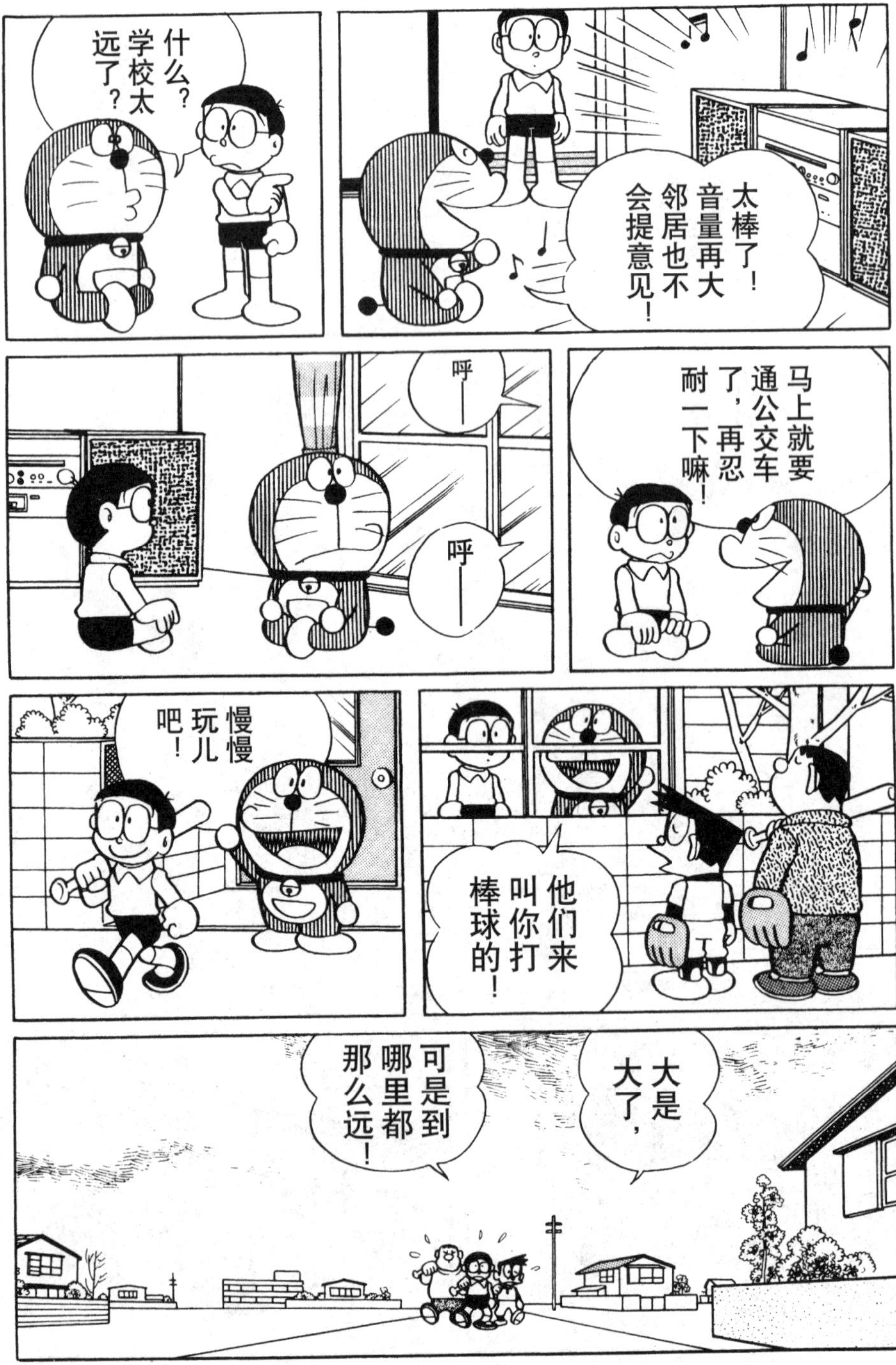

百变天气放映机Q&A

Q 『洋』指的是比『海』更大的海面。这是真的吗？

A 真的。『海』是比『洋』小的水域，一般靠近大陆；『洋』是海洋的主体，一般远离大陆。

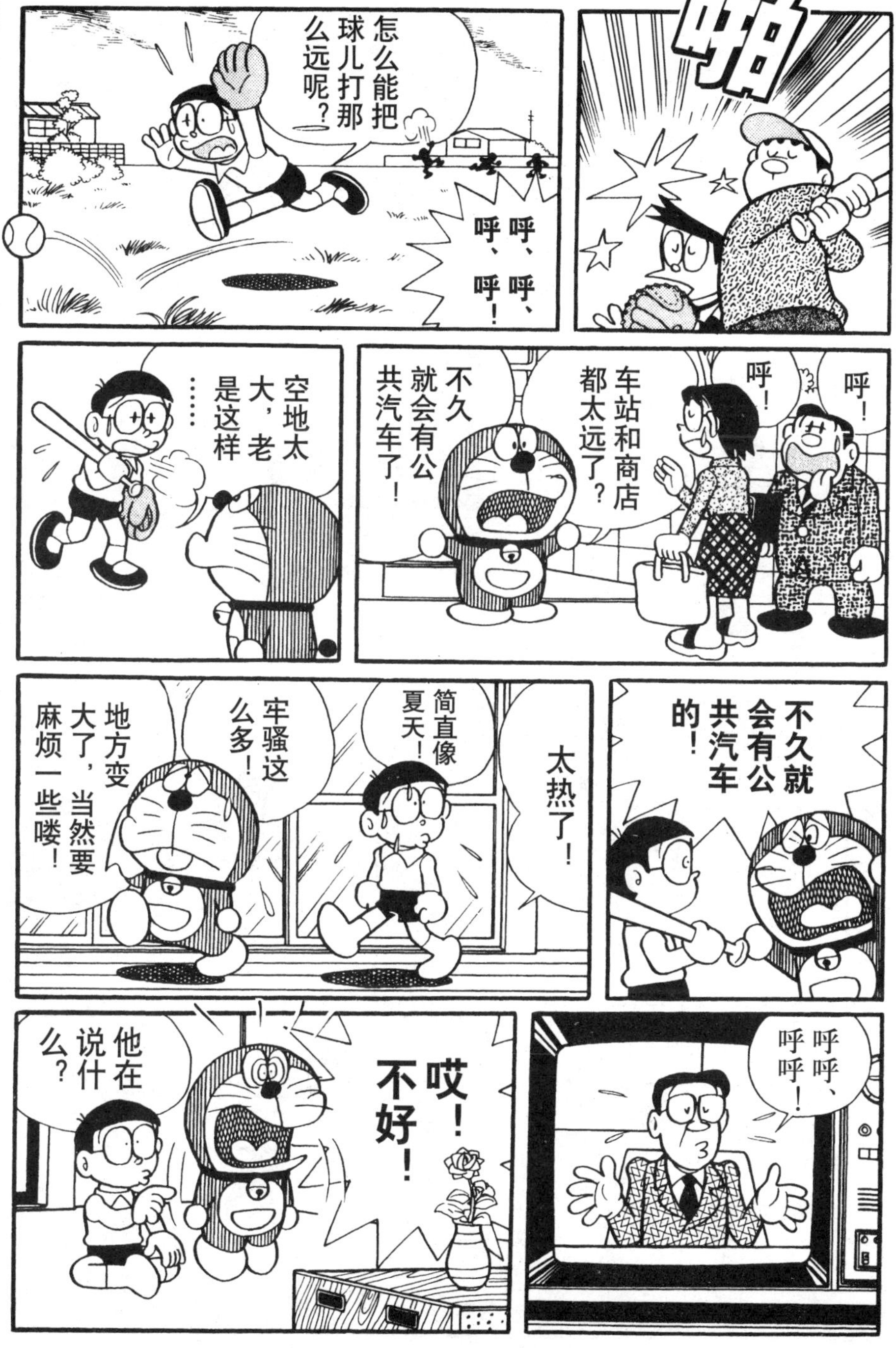

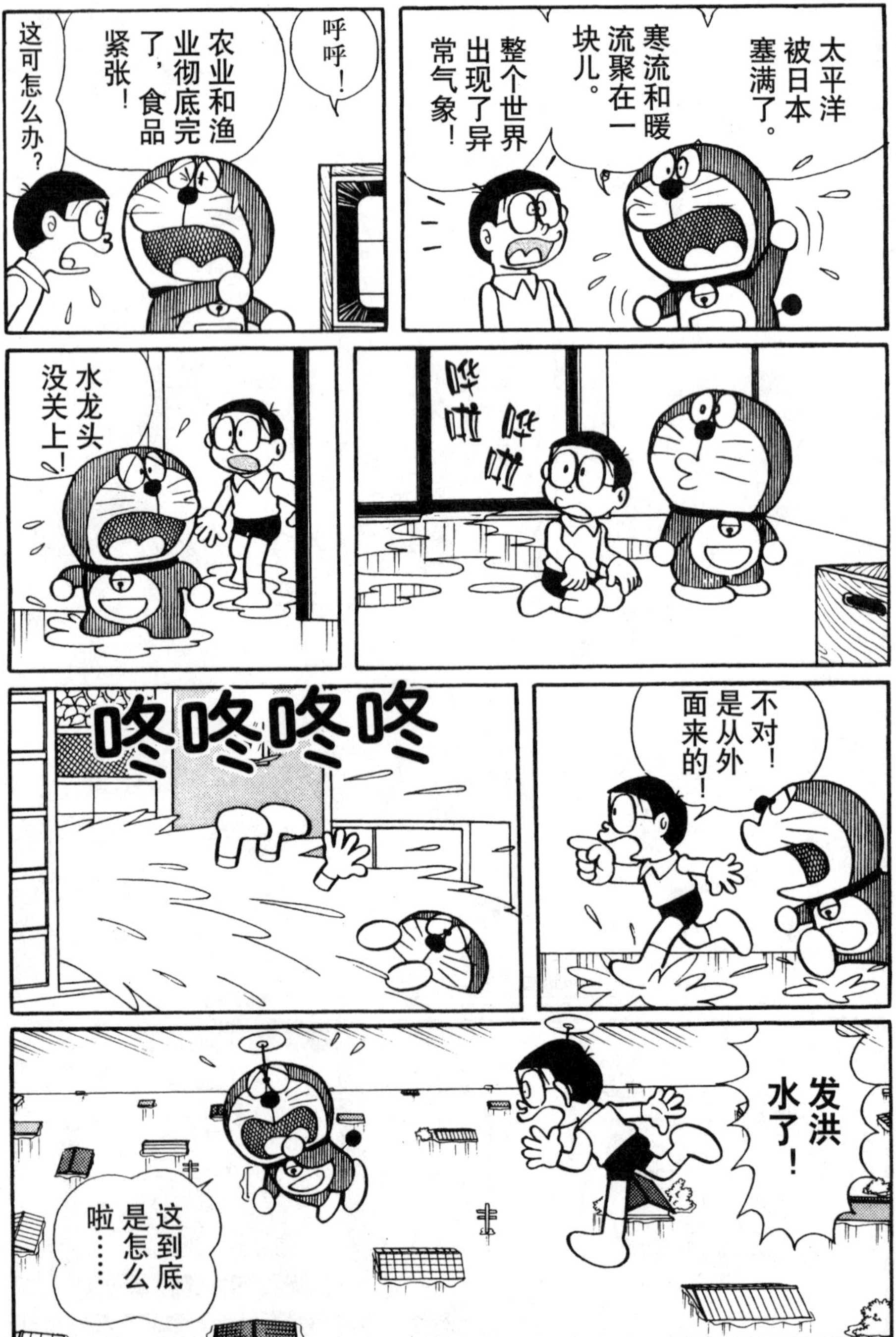

百变天气放映机Q&A Q

『圣婴现象』的原文『El Niño』是哪种语言？①英语。②法语。③西班牙语。

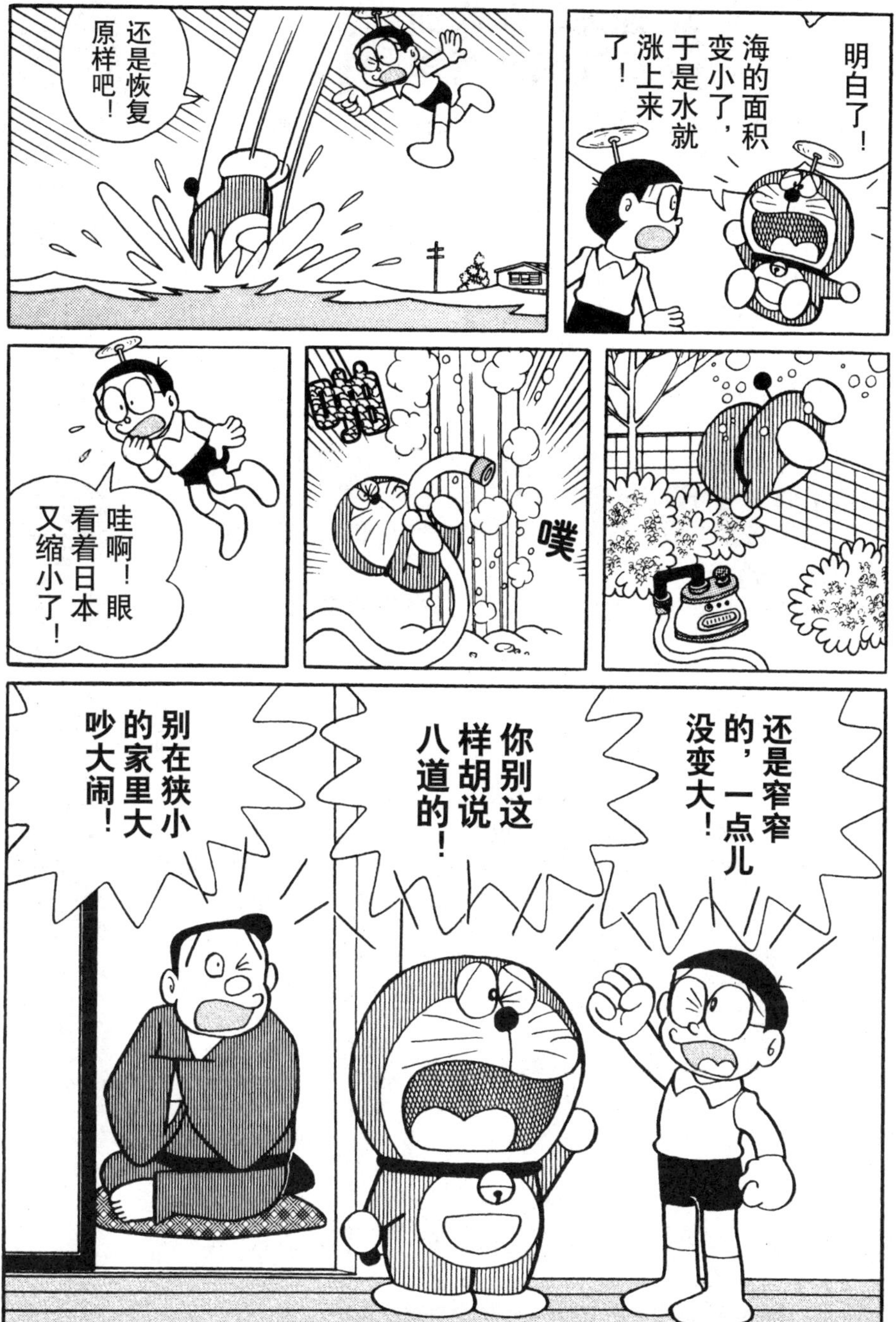

A ③西班牙语。『圣婴现象』其实就是我们常听说的厄尔尼诺现象。

海洋让风吹动，风又吹动海洋

地球表面超过 70% 的面积都是海洋，而且地球表面的水约有 97% 都是海水。

海洋不同于陆地，海水的特性就是温度变化比空气（地球大气）稳定，不易变暖或变冷，变化的难度大致为空气的 4 倍。另一方面，因为海水的密度差不多是空气的 900 倍，所以，以同样体积与温度的海水与空气相比较，海水所蕴含的能量约为陆地的好几千倍。

海水的蒸发会引发上升气流，进而在高空形成云，同时也将海水中的能量释放到了高空，这又促使大气随之变暖，使得上升气流也更加强烈。如此循环往复，就导致这片区域形成了低气压带。而那部分上升气流在遇到高空的冷空气后，又会骤然降温变成下沉气流，在上升气流和下沉气流的碰撞中，风便就此产生了。

为了让大家更好地了解风对海洋产生的影响，我们来做个实验：请你在杯子里倒入水，然后对着水吹气，这时你会发现水面上泛起了丝丝涟漪。借助这个原理，你就能更好地理解为什么海洋里总是波涛翻滚了。当海洋顺着风向和地球自转带来的固定方向流动时，也就有了洋流的存在。

洋流对气温的影响主要表现为将低纬度地区的热量传输到高纬度地区，并因此对全球的气候变化起着潜移默化的影响。

由此我们就可以知道海洋和风对彼此的重要性了：海洋所拥有的能量可以促成风的形成，风又反过来不断吹动海洋，形成洋流，洋流又会影响大气变化。

▼ 这就是海水的环流图。小箭头代表的是主要的表层洋流，粗线代表的是深层洋流的流动路线。

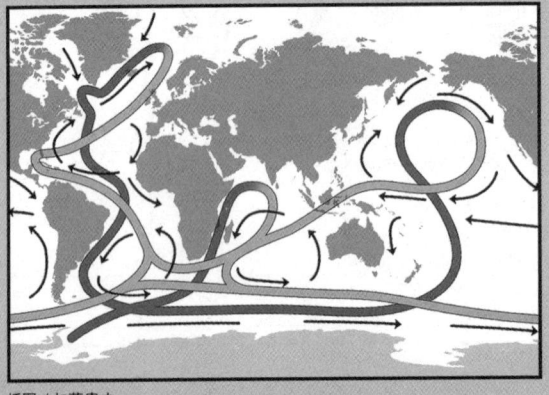

插图 / 加藤贵夫

海洋变化真的会影响到地球的整体气候吗？

140

大洋环流遍布整个海洋

浩瀚的海洋并不是一潭死水，而是充满了活力。海洋里的水也像陆地上的河流那样，长年累月沿着比较固定的路线流动着。放在地图上，它们就会呈现出一条条蚯蚓般的曲线，每一条曲线都代表着海水流动的大致路线，一条条首尾相接，循环不已，这就是大洋表层的环流。

大洋深层的洋流起源于北大西洋的格陵兰海域。那里无比寒冷，结了冰的海水所含的盐分浓度较高，重量也要比附近的海水重，因此会渐渐沉入深邃的海底。这股下沉海水受到地球自转的影响后，又会沿着海底西侧继续流动，之后，沿着美国大陆东海岸一路南下，又与南极海域的深层流融在一起，集体从印度洋和太平洋流过，等到抵达北太平洋的美国西岸后终于上升到表层处。

据科学家的研究显示，深海洋流的流速远比表层洋流慢，秒速只有1～10厘米左右，照这个速度来算，深海洋流要绕行地球一圈，会花掉足足2000年的时间。这种深海洋流与表层洋流交汇后就会形成一个完整的海洋大循环。

插图/加藤贵夫

◀如果没有北大西洋暖流的滋润，英国的气温绝不可能如此宜人。

◀秘鲁寒流使得阿塔卡马沙漠极其干燥少雨。

洋流是如何影响气候的？

一般来说，纬度越高气温会越低，但有些地方却例外。比如，英国的伦敦（北纬51度）和日本的札幌（北纬43度）这两座城市，按照常理来推算，伦敦的气温应当低于札幌，但事实却恰恰相反。究其原因，就是因为北大西洋洋流自南向北途经英国海域，给那里带来了温暖的海水。

而南美洲的智利明明靠海，却有着一个年平均降雨量少于0.1毫米的阿塔卡马沙漠。造成这种状况的原因有两个：一是沙漠东部的安第斯山脉阻挡了来自大西洋的湿润水气；二是由于秘鲁寒流经过这里，使下层水汽易凝结成云或者雾，但难以成雨。

插图/加藤贵夫

▲ 受信风和赤道洋流影响,赤道一带的海水会不断向西太平洋移动,然后在那里形成低气压。

"圣婴现象"也就是厄尔尼诺现象

19世纪初,生活在地球南半球的秘鲁等国家的渔民们不约而同地发现,每隔几年,从10月至第二年3月便会出现一股沿海岸南移的暖流,导致表层海水温度明显升高,使得性喜冷水的鱼类大量死亡。由于这种现象最严重时往往在圣诞节前后,于是遭受天灾而又无可奈何的渔民便将其称为上帝之子——圣婴。现在,如果当某地的气温比往年高0.5℃的时间超过了6个月,官方就会认定那里发生了"圣婴现象"。与"圣婴现象"相反的是"反圣婴现象"(俗称"拉尼娜"),指的是赤道太平洋东部和中部海面温度持续异常偏冷的现象。

从气压观测的角度来看,当太平洋东岸的气压下降时,西岸的气压就会升高,这种下降与升高又会呈现交替、轮换的状态。这便是气象学上所说的南方振荡现象。现在科学界已将南方振荡和"圣婴现象"这两种原本显现在不同对象上的气候变化,视为同一种现象。

▼ 如果信风和赤道洋流减弱,原有的运行轨迹将会改变,海水会流至太平洋中央位置,然后在那里的高空形成低气压。而此时西风会使得海水进一步扩散,这样就形成了"圣婴现象"。

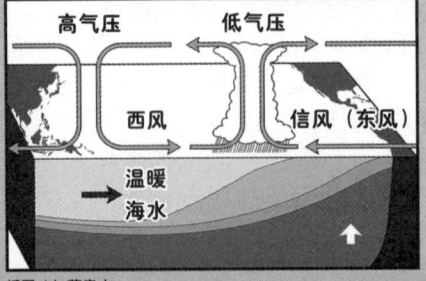

低气压发达的海域一旦扩散至太平洋东岸,就会产生气压的连锁变化,影响将大大超越整个太平洋沿岸,甚至遍及全球。那时,高温、低温、狂风骤雨、持续干旱等一系列异常现象便会接连不断地在世界各地出现。

当"圣婴现象"出现时,我国的气候也会

插图/加藤贵夫

"圣婴现象"会引发哪些异常气候?

◀ 受"圣婴现象"的影响，全球的气温和降雨在夏季和冬季呈现出这样的特点。

夏
● 高温　● 低温　▤ 多雨　▥ 少雨

冬
● 高温　● 低温　▤ 多雨　▥ 少雨

插图／加藤贵夫

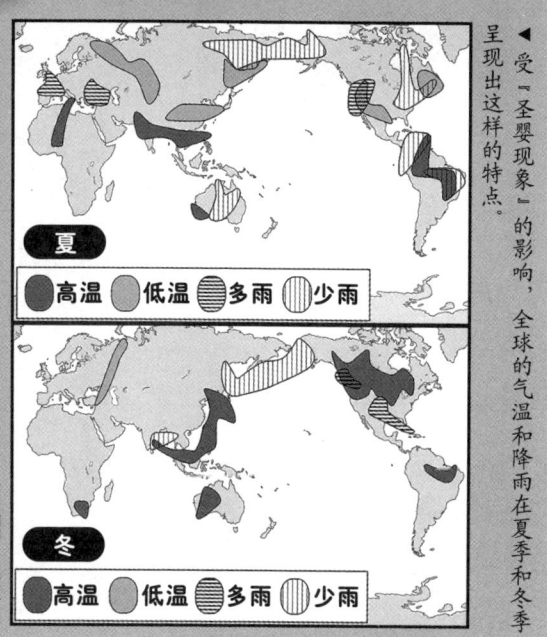

随之改变，表现为冬季异常温暖而夏季却变冷。而当"反圣婴现象"发生时，出现酷夏和寒冬的概率也会大大增加。

不过，这也并非那么绝对，造成气候变化的原因是复杂且多元的，比如2002年出现"圣婴现象"时，夏季却出乎科学家的预测而变得炎热难耐。为此，科学家又提出了一个新的概念——"非典型圣婴"，用来描述那些与典型"圣婴现象"不太一样的气候现象。

"圣婴现象"目前已经可以被预测了吗？

"圣婴现象"会给一些地区带来暴雨甚至海啸，同时又会使一些地区变得干旱，如果能提早预测，人们便能及时地采取措施防灾、减灾。

目前，科学家们已经能够以大气海洋耦合模式来预报这一现象。简而言之，这种模式就是将收集到的海水温度等数据输入系统，从而预测次年是否会有"圣婴现象"来袭。

当然，"圣婴现象"也不是一成不变的，随着地球暖化状况的加剧，"圣婴现象"也表现出了不同以往的特征。

要应对这种变化，就需要气象学家们开展更加深入的研究，做出更加精准的预测。

插图／佐藤谕

插图/加藤贵夫

▲ 对我国与日本等国气候影响最大的,是黑潮的"蛇形大弯曲"。

黑潮是一种边界洋流

在北太平洋西部海域,有一股强劲的洋流,从南向北,滚滚向前,它就是黑潮。黑潮并不是黑色的,它看起来接近深蓝色,因为它较其他海水的颜色深,所以才有了这样一个名字。颜色深的原因在于黑潮内所含的杂质和营养盐较少,阳光穿透海水的表面后,较少被反射回水面。

黑潮的宽度约为 100 千米,流速可达每小时 7 千米。这个速度可是相当于自由式游泳比赛的世界纪录了。因为流速如此之快,所以黑潮可以将来自热带的温暖海水带往寒冷的北极海域,又会将冰冷的极地海水温暖成适合生命生存的温度。

黑潮主干流的流动有时会呈蛇爬行状,因此被命名为"蛇形大弯曲"。虽然世界上还有几股洋流可与黑潮相媲美,但拥有"蛇形大弯曲"的,唯有黑潮这一条洋流。

日本海沿岸为什么常会降下大暴雪?

日本海沿岸堪称世界上第一大暴雪地带,而这恰恰与黑潮有着密切的关系。

温暖的对马海流在日本九州南端从黑潮中分流出来,流入了日本海。在这股暖流和寒冷的西伯利亚高压的共同作用下,从西北方往下吹的凛冽季风会通过温暖的对马海流上方,然后吸附对马海流蒸发的大量水蒸气,形成潮湿的冷风,并为日本海沿岸带来大量降雪。

▲ 日本石川县金泽市的冬天

黑潮并不黑

144

空气转换卫星

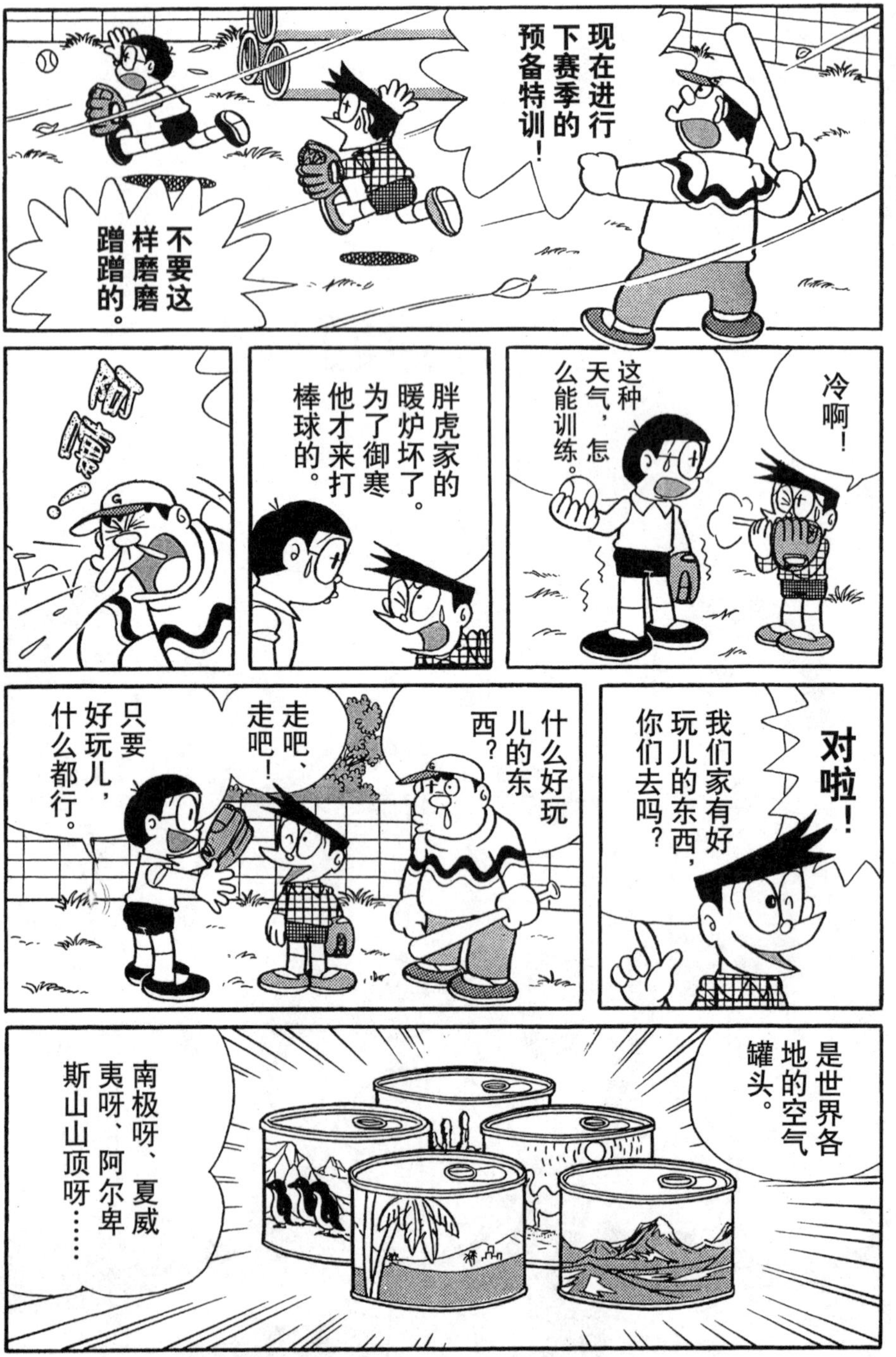

百变天气放映机Q&A

Q 在高山上，高度每上升一百米，气温会下降多少？①六摄氏度。②零点六摄氏度。

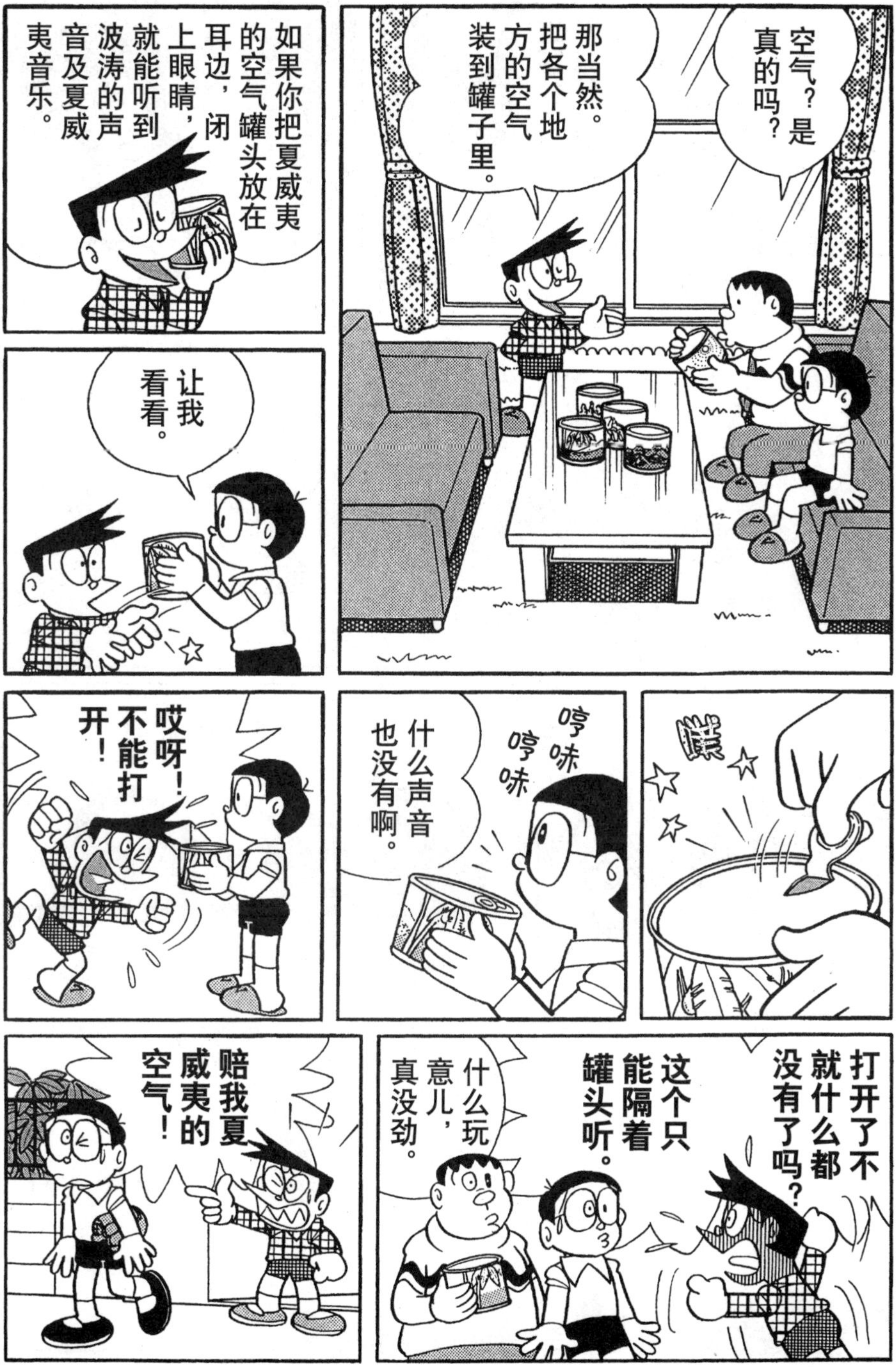

A ② 零点六摄氏度。高山上的气温呈垂直变化，一般高度每升高一百米，温度就会降低约零点四至零点六摄氏度。

哆啦A梦！
这算什么，不就是夏威夷的空气嘛！
赔多少都没问题。
『空气转换卫星』。
先把第一颗卫星发射出去，
然后再把空气传送到此处的第二颗卫星上。
发射倒计时，五秒，
四，
三，
二，
一！
不管世界何处，只需一眨眼的工夫便能到达。

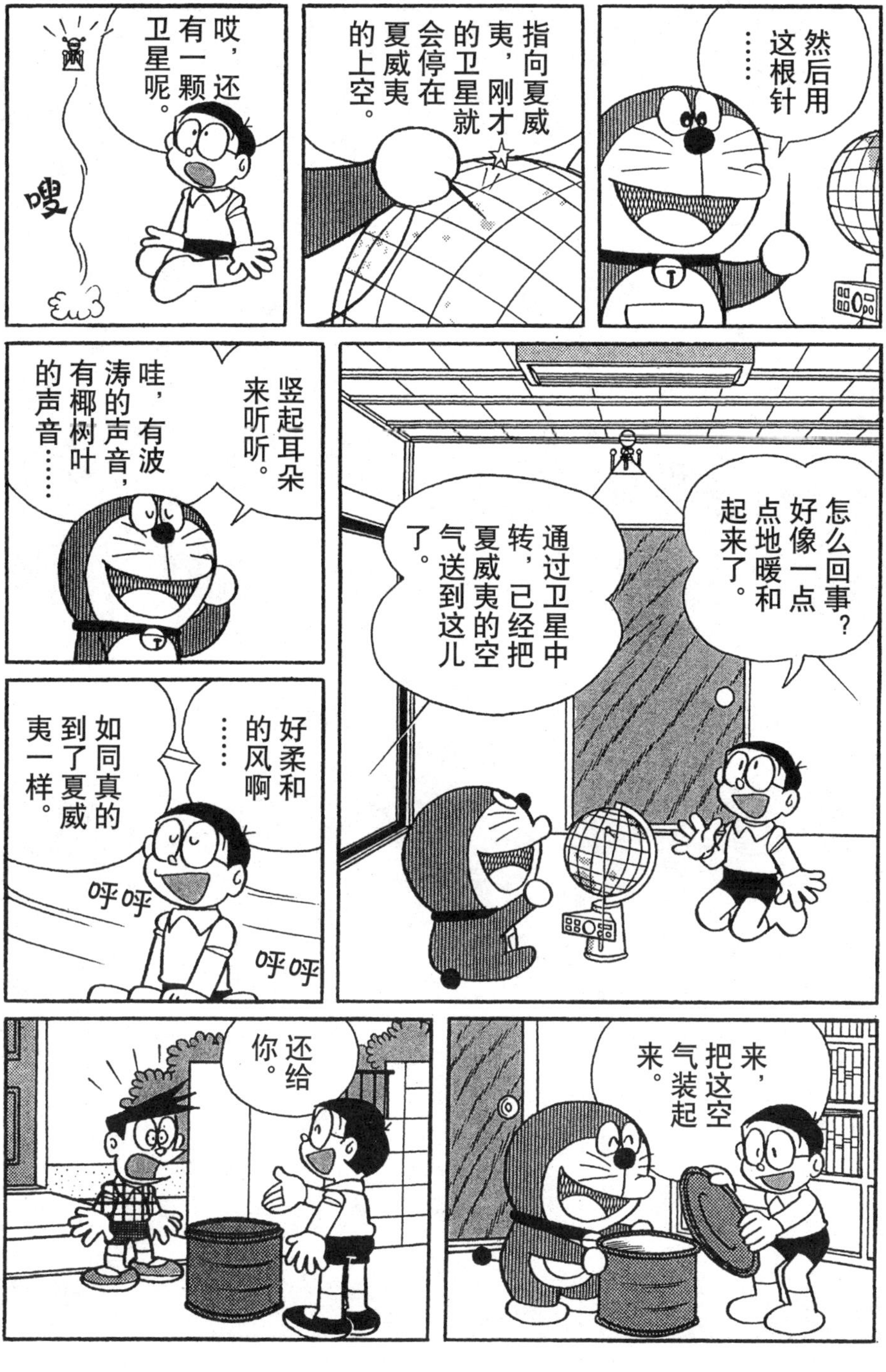

A 真的。其实在冬季，沙漠里也会变得很冷，下雪的情况在约旦的沙漠里就曾出现过。

Q 全世界积雪最深的地方在日本。这是真的吗？

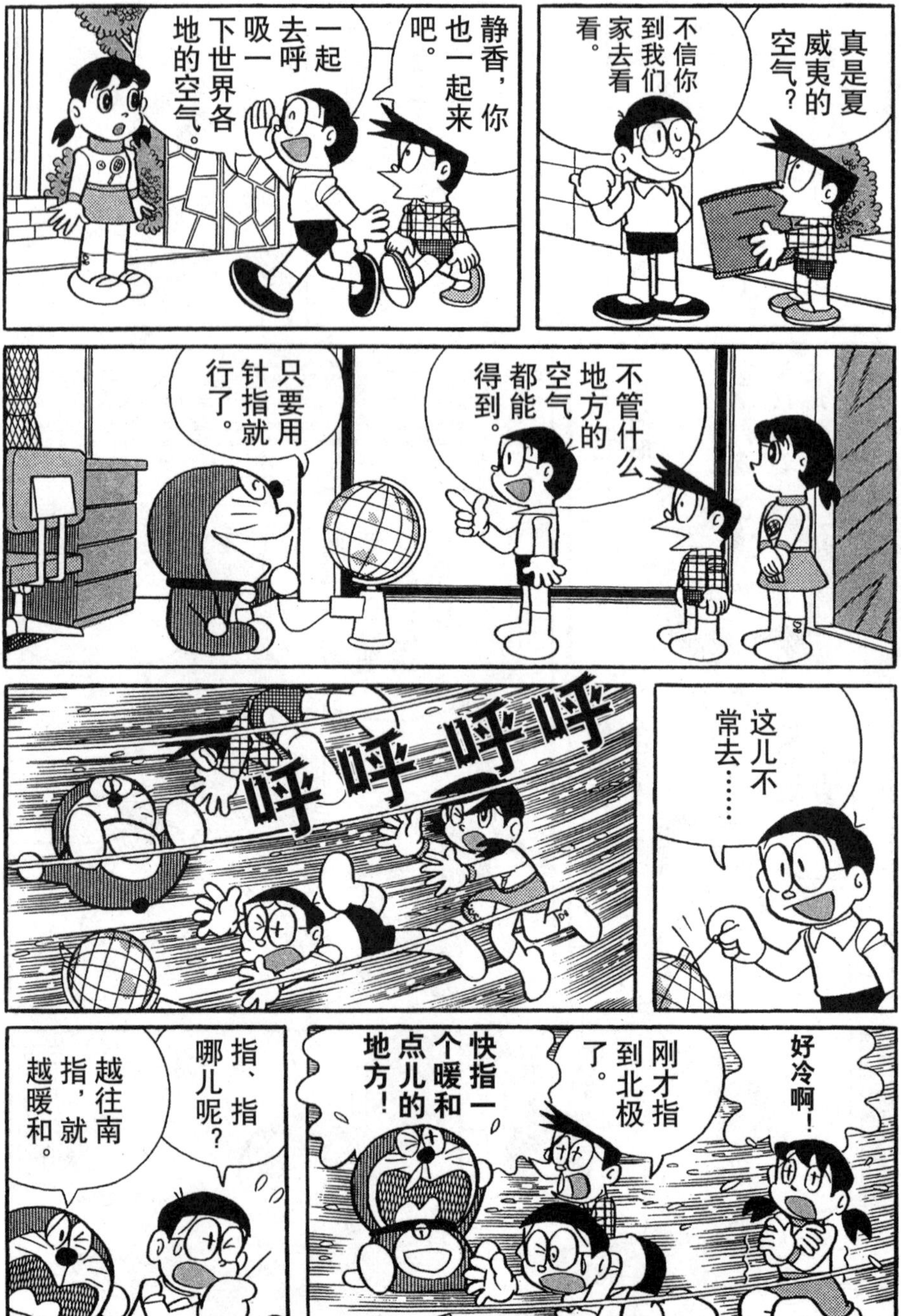

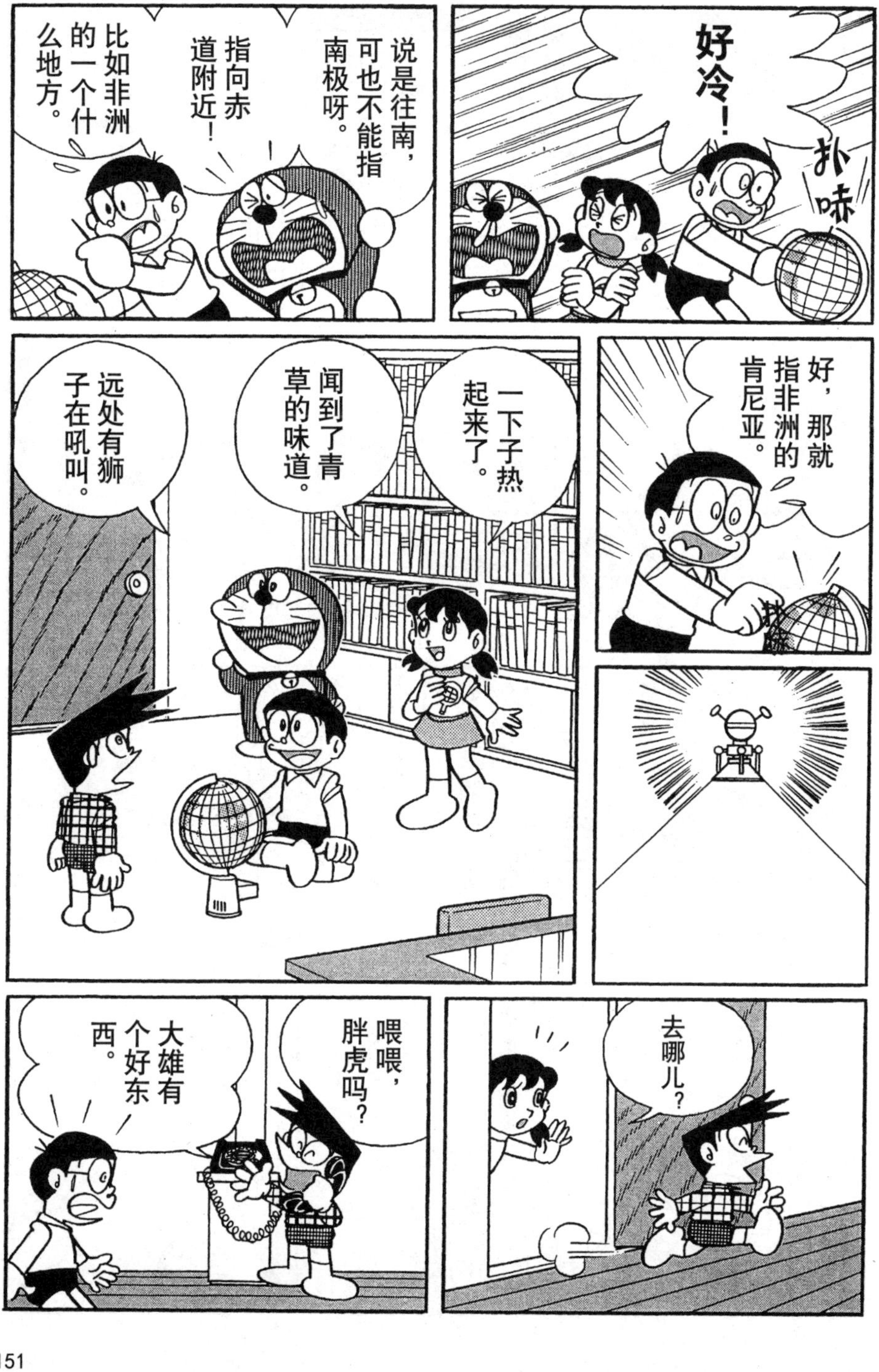

A 真的。日本的伊吹山创造了世界积雪最深的纪录，当时雪深为十一点八二米。

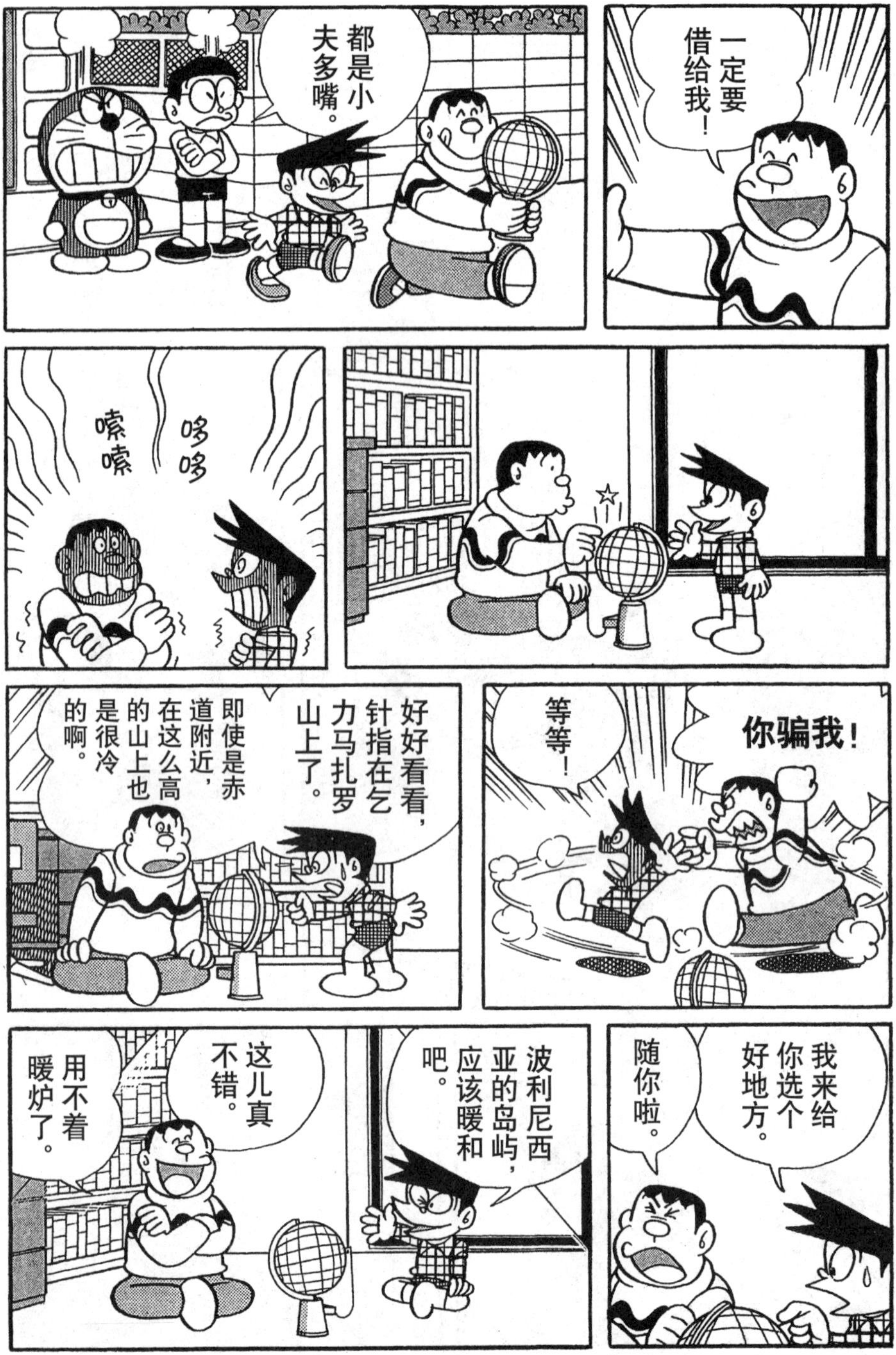

百变天气放映机Q&A

Q 撒哈拉沙漠的一粒沙有多大？①零点零一毫米。②零点一毫米。③一毫米。

Ⓐ ③ 一毫米。受到风化影响，那里的沙粒几乎都为一毫米大，而且是没有棱角的圆形沙粒。

插图/加藤贵夫

▲ 如图所示，地球上的气候带横向呈带状延伸。

地球上有五个气候带

如果将一个地区多年来的气象特征，如气温、降水等进行概括，得出一个大致的情况汇总，那这个概括性的气象情况就是气候。各个地区接收到的光照多少，深深影响着那里的气候。

地球上气候带的分布是非常有规律的，以赤道为中心线向两极延伸，大致可以分成五大气候，即赤道气候、干燥气候、暖温带气候、冷温带气候和极地气候。把全球的气候分成这五大类，其实便是地理学界流传最广的一种气候分类方案，也叫柯本气候分类法，是由德国气候学家弗拉迪米尔·彼得·柯本创立的。这种分类法主要以自然植被作为参考指标，又考量了气温和降水量等情况，但总体来说，是否能长出树木仍为最重要的分类标准。

可以长出树木的气候带有赤道、暖温带和冷温带气候带；无法长出树木的地区有包括南极在内的极地气候，以及如沙漠般很少下雨的干燥气候。根据柯本分类法我们可以发现，我国的大部分地区都处在冬季寒冷、干燥，而夏季炎热、湿润的冷温带气候带之中。

虽然日照这个因素对某个地区的气候状况起了主要作用，但洋流、海拔、地形等各种条件也对气候有着至关重要的影响。举例来说，假设两个同纬度的地区，其中一个有暖流经过，那这里的温度就会比另一个没有暖流经过的地区要高一些。比如在有黑潮经过的日本，其临近太平洋的地区就相对要温暖得多。相反的，如果是有寒流流经的地区，气候相对来说就要更冷一些。

▼ 赤道和两极看似接受了太阳光同等的照射，但各自的照射面积其实是完全不同的。

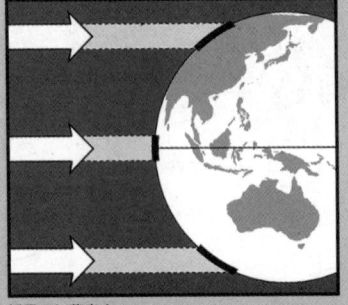

插图/加藤贵夫

全球气候差异极大

154

从赤道附近向外扩展的热带气候

从赤道到南北纬23°26′之间的地带是热带,这里终年能得到强烈的阳光照射,全年高温,四季的变化不明显。

同为热带地区,赤道附近和赤道两侧稍远离赤道的地方会呈现出不同的气候特点:靠近赤道的地方处于赤道低压带,气流以上升运动为主,全年多雨,无干季,特别适合热带雨林生长;而稍稍远离赤道的地方则为热带辐合带,受赤道低压带和信风带交替影响,在受赤道低压带控制时,这里为雨季,潮湿而多雨,而当热带辐合带受季节影响南北移动到干燥的中纬度高压带,这里便进入干旱少雨的干季。这也就是典型的热带草原气候。

特别专栏:热带

热带的英文名称为Tropics,实际上这个词原本指的是南北回归线。

回归线指的是地球上南、北纬23°26′的两条纬度圈。北纬23°26′为北回归线,是阳光在地球上直射点的最北界线;南纬23°26′为南回归线,是阳光在地球上直射点的最南界线。回归线是夏至和冬至时,太阳直射地面的连线。常年高温的热带正是处于这两条线之间的区域。

南回归线的英文名称是"Tropic of Capricorn(摩羯座回归线)",是因为冬至时从地球上看太阳,它刚好就在摩羯座所在的位置,因此而得名。

极地气候:夏季气温不到10℃

地球上最难接收到太阳能量的地方是南极和北极,而接近极点的高纬度地区便为极地。由于那里一年四季都十分寒冷,所以极地气候也叫寒带气候。极地气候的最主要特征是夏季短暂、阴冷,冬季漫长而严寒。极地气候包括冰原气候和苔原气候。通常,地理学上会把极地中最温暖的季节月平均气温不到0℃的地方的气候称为"冰原气候",几乎全年都处于冰封状态的南极大陆就属于这种气候;地理学上把最温暖的季节月平均气温不到10℃的地方的气候称为"苔原气候"。后者跟前者相比,温度相对高一点儿,夏季的时候部分冻土会融解,上面会长出青苔类植物。

特别专栏:极夜和极昼

极夜也叫永夜,出现在地球的南北两极地区,是夜长达24小时,太阳一整天都在地平线以下的一种现象。极昼则与极夜相反,太阳一整天都不会落下。

在我们的想象中,在经历极昼时,极地应该很炎热,但由于太阳不会升高,因此那里的气温依旧很低。

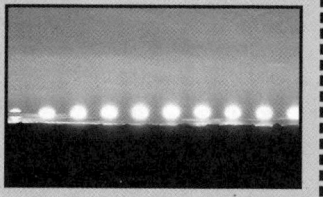

▲远远看去,太阳好像只在地平线上移动。

影像提供/日本国立极地研究所

insert图／加藤贵夫

北海道气候
日本海侧气候
内陆性气候
濑户内海式气候　太平洋侧气候
南西群岛气候

▲因为日本的地形呈细带状，所以气候更为复杂，因此日本发展出了自己特有的气候划分方法。

"空气转换卫星。"

一个国家也会有多种气候吗？

虽然气候带在地球表面呈带状，但因为有些国家领土面积广大或是地形狭长，一个国家也是有可能拥有多种气候的，例如我国和日本。

因为我国领土南北跨度很广，所以拥有了多种气候：大部分地区位于中纬度地区，属北温带，南部少数地区位于北回归线以南，属热带，没有寒带，只有在高山地区才有终年冰雪带。

而日本则是一个南北狭长的国家，所以有些地方属凉爽的温带气候，有些靠近太平洋的地方属太平洋气候，中央地区则属内陆性气候。

受气候的影响，世界各地的森林有何不同？

前面我们已经提到过，在柯本气候分类法中，植被被视为划分各个气候带的最重要指标。而一提到植被，我们第一时间便会想到森林。那么，受气候的影响，世界各地的森林又有哪些不同呢？

地球表面约1/3的面积都覆盖着茂密的森林，只不过，各个气候带中所生长的树木又各具特色，有着明显的差异。

在热带地区，因为气候普遍温暖、潮湿，有些地方的降雨量可以达到每年2540毫米，所以那里十分适合外形高大、叶子肥大的树木生长。这种森林就是我们常说的热带雨林。热带雨林中的植被一般分为五层：高处的枝叶形成像遮雨篷一样的林冠层；高耸的树木伸出的林冠形成了露生层；林冠层下面的矮小树木形成了幼树层；幼树层往下，靠近地面的为灌木层。

温带的森林以落叶阔叶林为主，这种森林主要由落叶乔木构成。落叶乔木的叶片比较宽而且薄，它们会在春天长出，在秋天脱落。落叶林的植被可分成五层：最高的一层叫林冠层，

多样化气候带来的影响

百变天气放映机

▶ 温带地区的森林主要是由阔叶落叶林构成的。

影像提供/白神山地游客服务中心

由高达24～30米的树木组成；第二层叫幼树层；第三层叫灌木层；第四层叫草本层，是由野花、浆果等草本植物组成的；第五层为地衣层，是由苔藓等地衣组成的。

在比温带更寒冷一点儿的地方，那里的树木为了抵御严寒，会把树叶变尖、变细，长得像小针似的，松树、冷杉、刺柏便都是这样的树木，由这样的树木所构成的森林便是针叶林。如果你仔细观察，会发现针叶树的针状叶子上还有像蜡一样的物质，那是它们为了保护自己在漫长的冬季不被冰雪冻坏而进化出来的保护措施。

到了极地地区，因气候太过寒冷，树木已难以生长，只能在苔原旁边发现零星的针叶树。

除了前面所提到的那些典型的森林，地球上还有一种不太为大家所熟知的森林——照叶林。照叶林又被称为副热带常绿阔叶林、月桂林，因为它属于常绿阔叶林，这一点与热带雨林相同，所以照叶林也被称为温带雨林。不过，照叶林中的树木没有热带雨林中的高大，结构层次也少得多，一般只有林冠层、灌木层和草本层这三层。照叶林中的树木以樟科为主，另有多种壳斗科和木兰科的乔木。过去，照叶林也曾广泛分布在许多地区，但后来人们出于生存需要，大面积地将其改造为落叶阔叶林，就使这种森林渐渐消失在了人们的视野中。

▼ 高耸入云的针叶林　　▼ 照叶林的主体多为樟科树木。　　▼ 板根突出的热带雨林树木

影像提供/OKUYAMA HISASHI　　影像提供/绫町区公所　　影像提供/Tourism Australia

157

▲ 全球的陆地，约有 1/4 的地方都被沙漠占据。

形成沙漠的原因

撒哈拉沙漠横跨北纬 20 度到 30 度，面积超过了 840 万平方千米，是世界上仅次于南极洲的第二大荒漠，也是世界上最大的沙质荒漠。

撒哈拉沙漠如此大的面积并不是一天形成的。它的形成与当地特殊的气候条件是分不开的。撒哈拉沙漠所处的地区，常年处在副热带高压和来自亚洲干旱地区的东北信风的控制下，因此那里成为终年几乎没有降雨的干旱地区。同时，那里又是世界上蒸发率最高的地区。稀少的降水，再加上水分的大量散失，使得那里越来越干，沙漠面积也就越来越大，最终成了一望无际的沙漠。

与撒哈拉沙漠形成方式类似的沙漠，也叫中纬度沙漠。

除此之外，沙漠形成的原因还有很多，例如来自高山的下沉气流导致平地不降雨，离海太远的内陆无法得到水气补充等因素，都是促使沙漠形成的推手。

沙漠也有不同的种类

一提到沙漠，大家眼前浮现的多半会是沙丘连绵的壮观景象。可你知道吗？其实这种纯沙子的沙漠，在所有的沙漠类型中所占的比例最小。要形成这样的沙漠，必须经过长时间的风化作用，使岩石成为石英微粒才行，它是沙漠化最极致的状态。利比亚沙漠和喀拉哈里沙漠中，便几乎都是这种石英微粒，而我国的塔克拉玛干沙漠中却含有各种物质，这是风化程度比较轻的缘故。

除了沙质沙漠，地球上还有岩质沙漠、砾质沙漠和土质沙漠这 3 种类型，而其中又以岩质沙漠居多。地球上那些主要由凹凸不平的岩石所构成的沙漠，便为岩质沙漠。当岩质沙漠中的岩石经过长年累月的风吹日晒，并在昼夜巨大温差和风化作用的双重作用下慢慢破裂，成为小石块儿或数厘

沙漠占据了全球陆地面积的多少？

百变天气放映机

▶ 如果没有绿洲，人们很难在沙漠中安全穿行。

米大小的小石砾后，就变成了砾质沙漠。通过对砾质沙漠构成物质进行细分，我们又可以把那些砾石接近粘土或泥土状态的沙漠统称为土质沙漠。

值得注意的是，由于原有构成岩石成分的差异，并非所有的沙漠最终都会

影像提供／鸟取大学干燥地研究中心

| 沙质沙漠 | 土质沙漠 | 砾质沙漠 | 岩质沙漠 |

影像提供／Tourism Australia

变成石英沙漠。

行走在炎热的沙漠中，如果能碰到一处绿洲，那对旅人来说可是最大的幸福了。人们一般管沙漠中出现淡水和生物的地方叫绿洲，这里终年储存着淡水，为每一位被困于沙漠中的人带来生存下去的希望。

特别专栏 又冷又热的沙漠气候

插图／佐藤谕

沙漠是一个非常炎热的地方，在撒哈拉沙漠，夏季的最高气温常常能突破50℃。不过，由于沙漠上的植被非常少，没有什么东西能够储存住白天的热量，所以一到晚上气温便会直线下降，甚至可以降到0℃。不仅如此，不同季节里，沙漠的冷暖也十分悬殊，比如我国内蒙古的戈壁沙漠，夏季的温度可超过45℃，但到寒冬月份，气温就会低至-40℃。由此可见，沙漠气候正是将极热和极寒演绎得淋漓尽致的地方。

极热和极冷的气候特点也是沙漠探险家们需要克服的最大考验，特别是后者，严重的时候人体会出现失温症状，如果没有得到及时的救助，很可能危及到生命。

159

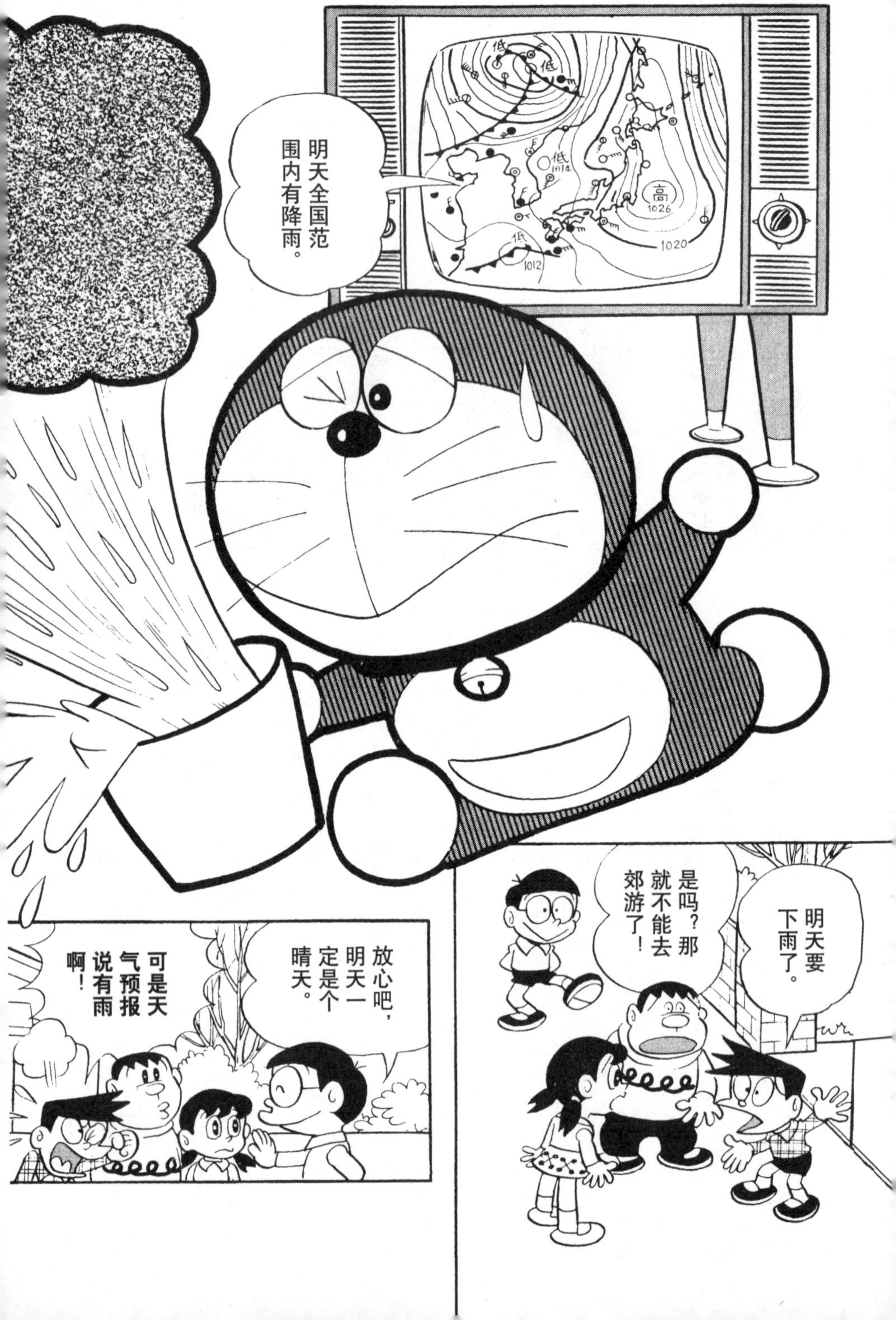

明天全国范围内有降雨。
明天要下雨了。
是吗？那就不能去郊游了！
放心吧，明天一定是个晴天。
可是天气预报说有雨啊！

气象盒

那好吧！我们就赌上三拳吧！

三拳多没意思啊！要赌就赌三十拳！

我说是晴天就是晴天！我说下雨就是下雨！

嘿嘿 哈哈

砰
啪
啪
你这是干什么？
明天我要揍小夫三十拳，先练习一下！
小夫真可怜！
不过，真的可以控制天气？
就交给我办吧！
这是『气象盒』，只要插进不同的卡片，就会出现不同的天气了。
让我看看！
现在我们插入阴天的卡片吧！
马上变阴天！

163

明天我就用这拳头来揍大雄。
明天我也来帮你吧！
不管怎么样，一定要找到呀，
要不然就死定了！
还是没有……
如果没有卡片，会怎么样？
只能像天气预报说的那样，下雨了吧！
有啦！
我来做一张卡片吧！
我想是这样画的。
我们来试试。
但愿一切顺利！

还是不行，必须用原来的卡片才可以。
砰
砰
哗啦
哗啦
糟糕，雨这么快就下起来了！
你赶快帮帮忙吧！
那么……
你把这个锅……
我戴上这个铁锅天气就会变晴了？
不是，不过当你挨打时，也许可以减轻痛苦。

我连夜给你做一些晴天娘娘，祈求晴天吧！
这下我完了！
哗哗
哗哗
哗
哇
早晨！
哇！是晴天呀！
我差点儿忘了还有一个集云的铁桶，只要把附近的云都收起来，就可以了！

哆啦A梦真是可以信赖的人！
路上走好啊！
果然是晴天。
我说是晴天就是晴天。
大雄，要打就尽管打吧！
已经收集了这么多了，可以了吧！
找个地方把它放好。
不小心弄翻了。

出处／日本气象厅官网

▲ 这是台风直扑日本关东地区的天气图。

什么是天气图

每到《天气预报》的播报时间，你就会在电视上看到这样的画面：气象播报员站在一张错综复杂的图像前，在指向某个区域的同时，说出该地的未来天气状况。看到这里，你不禁会好奇，这种长得像地图却又不是地图的图像是什么东西呢？

《天气预报》中所呈现的一般是卫星云图，是由气象卫星自上而下观测到的地球上云层覆盖地面的图像。利用卫星云图，气象科技人员可以识别不同的天气系统，确定它们的位置，估计其强度和发展趋势，为分析天气和预报天气提供依据。不过，卫星云图反映的只是高空天气。要全面了解、分析天气状况，还必须配合使用地面天气图和辅助图才行。

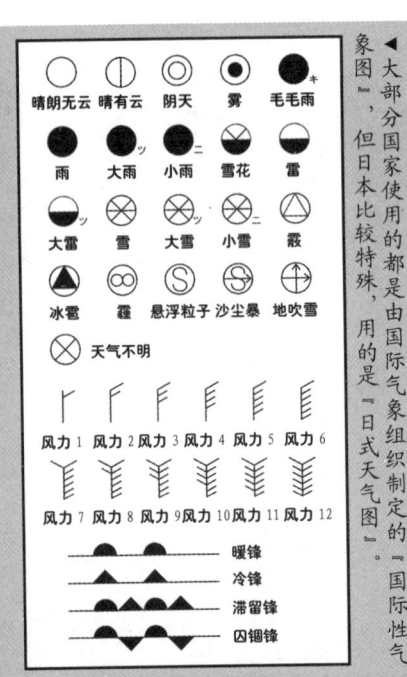

大部分国家使用的都是由国际气象组织制定的"国际性气象图"，但日本比较特殊，用的是"日式天气图"。

插图／加藤贵夫

地面天气图上一般都标有各个主要城市、观测站的位置，以及主要的河流、湖泊、山脉等地理标志。通过各种观测，工作人员会在地面天气图上标出气压、风向、风速等天气信息，以供气象科技人员分析天气的特征和发展动向。

辅助图则包括变压图、变温图、降水量图、能量分析图等。其中，我们最常在电视上看到的为变压图。变压图上那些弯弯曲曲的线条就是地理上所说的等压线。在变压图上，等压线间距通常为4百帕（hPa，请参阅第32页的

从天气图上能了解到天气状况吗？

168

► 夏季气压数值示意图

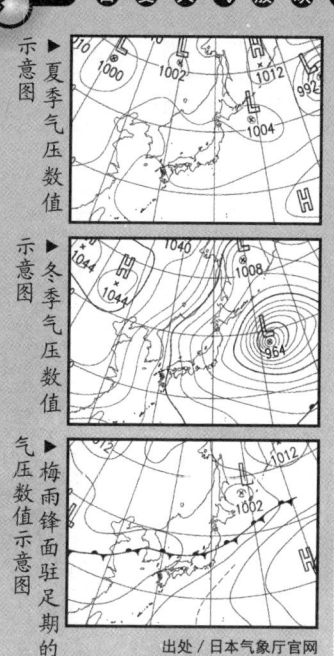

► 冬季气压数值示意图

► 梅雨锋面驻足期的气压数值示意图

出处／日本气象厅官网

内容），每20百帕画一条粗线。在被等压线围起来的一个区域内，如果某些地方气压比较高，这里就被称为高气压地区，反之就是低气压地区。结合前面所学到的知识，我们还可以知道，暖空气和冷空气交汇的地方即为锋面。有了变压图的帮助，我们想要知道自己所生活的地方的天气变化状况，只要了解变压图上的低气压和锋面动向就可以了。

在国际上，使用最普遍的是国际性气象图，但是它比较复杂。有些国家为了简化，便自创了自己国家所用的天气图，如日本就使用"日式天气图"。大家如果有兴趣的话，可以找来国际性气象图与右页中的日式气象图做一下对比，看看两者之间有哪些相同的地方，又有哪些不同的地方。

特别专栏 教你制作天气图

我们自己也能做出《天气预报》中使用的天气图吗？当然可以。虽然做不出如此复杂的天气图，但我们可以做出大体与之相似的。

首先，你要认真观看《天气预报》，第一次听的时候你可能觉得一头雾水，完全跟不上播报员的节奏，建议你先录下来，然后看回放。《天气预报》中一般会涉及风向、风力、天气、气压、气温等气象资讯，涵盖了高气压和低气压的位置和目前的行进方向，暖锋或冷锋的位置等必要讯息。请准备好纸和笔，记下这些重要资讯，最后再画上等压线即可。

当然，你也可以提前到网上查找有关的气象资讯，提前制作天气图，然后在《天气预报》正式播报时，把播报的内容与自己画的天气图做比较，看看哪里一样，哪里有差距。

天气图在不同季节呈现出不同的形式

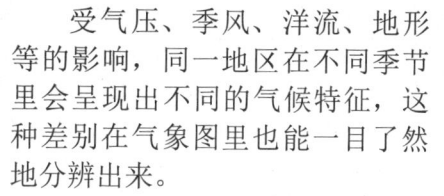

受气压、季风、洋流、地形等的影响，同一地区在不同季节里会呈现出不同的气候特征，这种差别在气象图里也能一目了然地分辨出来。

夏季，副热带高压边缘的偏南暖湿气流可以给我国带来大量水汽，但副热带高压的内部，因受下沉气流影响却往往是炎热干燥的晴好天气，一些反常的副热带高压则会常给我国带来灾害性天气。进入冬季，我国大部分地区受来自北方的冷高压和西北流控制，使得干燥寒冷成为天气的主旋律。

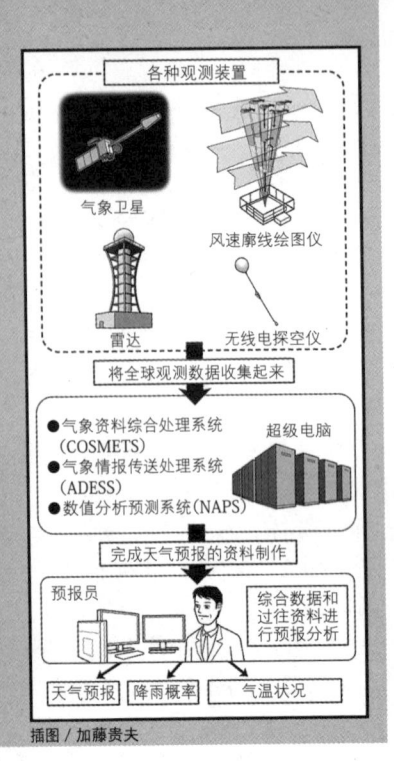

天气预报是这样做出来的

天气预报是如何做出来的？

我们在电视节目中或手机上看到的天气预报，都是在收集到了尽可能多的气象数据后，再借助超级电脑预测的相关讯息，一并生成的。

气象资料的数据库中储存着丰富的资料，目前，我国已建成天基、地基、空基相结合的立体观测系统，可以实现从高空到地面，从陆地到海洋，全方位、多层次地观测大气变化，因而数据库中会不断更新有关气温、气压、湿度、风速、风向、降水、降雪深度、积雪深度、日照时间、能见度（下雨或起雾时，可清楚视物的距离）、透光度等大气现象的数据。

除了每个国家都拥有自己的气象数据库外，世界各国之间也会通力合作，共享一些数据。这样一来，气象数据就能更全面一些了。汇总了各类数据之后，就可以通过超级电脑对这些数据进行综合分析，制成相关图表，做出预报分析了。

在得出各种结论后，各个国家的气象中心会将预测资料反馈给各地的气象台，由那里的气象预报员对照过去的资料进一步对预测资料中的内容进行修正，最终完成精准预测，形成可以对外发布的天气预报。

不过，这种预报毕竟只是在分析数据、对比资料的情况下做出的，而气象条件可谓瞬息万变，人们想要"猜中"天气的演变趋势仍非易事。

各种观测装置
- 气象卫星
- 风速廓线绘图仪
- 雷达
- 无线电探空仪

将全球观测数据收集起来

- 气象资料综合处理系统（COSMETS）
- 气象情报传送处理系统（ADESS）
- 数值分析预测系统（NAPS）

超级电脑

完成天气预报的资料制作

预报员　综合数据和过往资料进行预报分析

天气预报　降雨概率　气温状况

插图／加藤贵夫

插图／佐藤谕

170

怎样才能成为气象预报员？

▶许多人都梦想能成为在天气预报中解说气象的气象预报员。

插图/佐藤谕

每当看到电视里的气象预报员手持指挥棒游刃有余地在身后的气象图上点来点去，并且冷静地播报出人们最关注的天气状况时，你也会觉得佩服他们并梦想有朝一日自己也能指点天气变化吧？那你知道成为气象预报员要具备哪些技能吗？

气象预报工作其实是一项专业性很强的工作。一般来说，只有专业的天气预报员才有资格为大家播报未来几天的天气状况。如果任何人都能站出来播报天气，那预报的准确率肯定大打折扣，人们对于预报也会持怀疑态度。所以，只有那些成功通过气象预报员资格考试的人，才有资格从事天气预报类的工作。但除了专业过硬，从事气象预报工作还要有强烈的责任意识和任劳任怨的精神，否则是无法成为一名优秀的气象预报员的。

在我国，也实行着气象预报员持证上岗制度，对于预报员来说，通过考试拿到资格证只是步入职业生涯的第一步，在实际工作中，他们承受着非常大的压力。他们不仅每天要处理、分析海量的数据、信息，还要面对来自于公众的质疑和指责。因为天气对每个人的生活都有着不同程度的影响，如果天气预报总是不准确，人们心中自然不满。为了能每天都交出一份让公众满意的答卷，每位预报员都在尽自己最大的努力，试图从随时更新的数据中摸准天气的走向，大家也应该对他们的工作表示理解才是。

特别专栏
了解天气预报中用到的专有名词

自然气象总是瞬息变幻莫测的，天气预报需要尽可能全面准确地预测未来的天气。"晴时多云偶阵雨"是天气预报专有名词中的一种，这似乎是非常保险的措辞。"晴时多云"意味着有云的阴天会断断续续出现，所占的时间不会达到预报有效时间的一半。"偶阵雨"则说明在预报的区域内，会有不到一半的地方下雨。即便采用这样全面的方式播报，一旦多云天气持续太久，或出现大范围的降雨，那也会说明这条预报不准确。由此可见，预报天气真的很难。

"观天望气"是何意？

天气谚语有一定的道理

天气谚语又称农谚，是我国民间广为流传的各种有关天气变化的俗语。如"日落胭脂红，无雨必有风""朝霞不出门，晚霞行千里""空中鱼鳞天，不雨也风颠"等天气谚语，都是过去人们根据生活经验总结出来的，以前他们就是靠着这些谚语安排农事、生活的，这就是所谓的"观天望气"。用现在的科学方法去验证，有些谚语也确实得到了证实。

在地球上的任何地方都可以"观天望气"

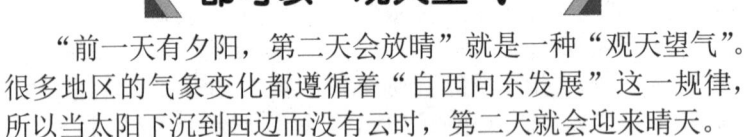

"前一天有夕阳，第二天会放晴"就是一种"观天望气"。很多地区的气象变化都遵循着"自西向东发展"这一规律，所以当太阳下沉到西边而没有云时，第二天就会迎来晴天。

谚语"日晕三更雨，月晕午时风"指的是太阳或月亮被光晕包围所带来的天气变化。当高空形成薄薄的卷云层时，云里的冰晶折射光线，就形成了晕。虽然卷层云本身并不会带来降雨，但因为它通常都是在低气压或者锋面附近形成的，所以谚语中说它会带来风雨天气也是有一定道理的。

▲ 月亮出现月晕，意味着天气将变糟。

插图/加藤贵夫

▲ 燕子低空飞行，意味着要下雨。

利用生物的形态也可以"观天望气"

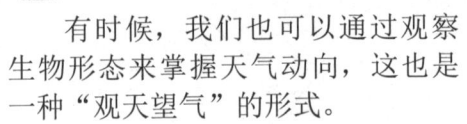

有时候，我们也可以通过观察生物形态来掌握天气动向，这也是一种"观天望气"的形式。

以"燕子低飞江湖畔，即将有雨在眼前"这句谚语为例，说的是下雨前气压一般比较低，空气中的湿度特别大，这就使得一些昆虫的翅膀上结了一层水珠，于是它们就

特别专栏

二十四节气

古人根据太阳一年之内的位置变化及所引起的地面气候的演变次序，将一年分成了24段，分列在12个月中，以反映四季、气温、物候等变化。这便是二十四节气。二十四节气是我国劳动人民独创的文化遗产，它能科学地指导农事活动，影响着千家万户的衣食住行。

春秋时代我国的主要政治活动中心多集中在黄河流域，二十四节气也就是以这一带的气候、物候为依据建立起来的。

2016年11月30日，中国的"二十四节气"被正式列入联合国教科文组织人类非物质文化遗产名录。

附：　　　二十四节气歌
春雨惊春清谷天，夏满芒夏暑相连。
秋处露秋寒霜降，冬雪雪冬小大寒。

会飞得又低又慢，然后燕子就会趁此时飞得低些，多捉虫子。

类似的谚语还有"蚂蚁搬家，大雨要下""蜘蛛结网晴，收网阴""蚯蚓路上爬，雨水乱如麻"等等。动物可称得上是大自然中的"天气预报员"了。

此外，生活中的现象也能向我们预示天气变化。举个例子，"飞机云立即消失，天空将会放晴"和"飞机云拖得很长，天空就会下雨"，这就是人们根据飞机云在天空中呈现的时间长短来判断天气的。当高空的湿度很高时，飞机云就会拖着长尾巴迟迟不消失，出现这种状况也就意味着天气容易变糟，出现下雨等现象。

受地形影响的"观天望气"

"观天望气"也可以根据不同地形呈现出的气象征兆来判断天气。飞碟云属于荚状云的一种，且多覆盖于山顶，经常在有湿润空气经过山脉上空时出现。如果空气在经过山脉上空时温度下降，空气中的水分就会凝结成飞碟形状，成为飞碟云。由于这样的空气中含有大量水蒸气，因此很容易带来降雨，于是便有了"山顶有飞碟云就会下雨"这句俗语。

在日本的太平洋沿岸一带，还有"春天看海，秋天看山"这样一句谚语，说的是由于春天时低气压多会经过太平洋上方，只要观察海上的天空状况，就能预测春日里的天气；而秋天时，低气压多会经过日本海，因此，只要多注意日本北方地区高山上云的变化，就能掌握秋日里天气的状况。

▼ 山顶有飞碟云，意味着要下雨。

插图／加藤贵夫

天气决定表

大概是晴天吧……不对，是阴天……
说清楚一点儿好吗？
你太放肆了！
这事难道不是错在你自己吗？
我怎么能记得一周前的天气？
你应该每天记日记时就把天气写上！
其实经过这么长时间的交往，你应该了解我这个人呀。
可是暑假还有一半呢！
今后的日子你怎么打算？
只要我一想到这个，眼前就一片漆黑……

你有办法了？
天气预定表
年度
气象局专用
8月
上午
下午
DATE
TIME
我可算找到好东西了。
喂，等一等。
你难道不想知道使用说明吗？
看一看也就差不多明白了。
把预定的天气填到这一栏，然后天气就会和你预期的一样。
使用方法确实是那样的，不过……
我只要知道这些就足够了。
你听我把话说完嘛！
好的、好的！
在未来的世界里，天气是由气象局来决定的，这张表是为此而发明的。
不过，可不能随随便便预定呀，要考虑农作物的生长情况，还要考虑经济动态和社会形势啊。

如果想预定天气，就要担负起这些责任……你能承担起这么重大的责任吗？
我能承担。
唰啦 唰啦 唰啦
真是个乐天派……
12 11 10 9 8 7 6
晴天、阴天、下雨，翻来覆去！
这样不是很公平吗？
如此千篇一律的没什么意思，还是应该这样……
今天午后三点开始，下一小时的暴雨吧！
哎呀！
外面像是暗下来啦！
哗 哗
哇，果然下雨了！

八月十五日（晴）
今天傍晚有雨。
这场雨要持续两三天。
我觉得天气太有规律了反而奇怪，
所以，就让它下三天。
原来如此。
妈妈不要忘记把外面的衣服收回来，出门时一定要记得带雨伞啊。
先去散散步吧！
因为要一连下三天雨不能出门呢！
你为什么这么无精打采？
我当然不开心了！
本来计划好要出去野营两天的。
这是从春天开始就计划好的，我一直等着……
你看……要是一直下雨……
我事先并不知道这事啊……

我来想想办法吧！
什么办法？
哎？
用这块手帕……
来做一个放晴娘。
它可不是简单的娃娃啊！
可以百分之百地实现你的愿望。
他真蠢！
又在骗人！
看着吧！
我来改写天气。
三天晴天。
三天后
你的放晴娘真是灵验，幸好有它，三天都是晴天。
大雄，谢谢！
只是举手之劳嘛！

八月十九日（晴）

我现在可以一口气游一千米了。
我可以游得很快。
看来这个夏天大家都没有白过啊，都很有长进。

今天下午在游泳池举行游泳比赛吧！
同意、同意！
大雄你也要来啊！
你要是敢不来，我可不饶你啊！
不过，午后要下大雨的。
别胡说了，今天天气预报说不会有雨的。
本来是的，不过很快就要改了！
就用这个小东西！
你们要笑就笑吧！
你们看到了吧？

八月二十日（晴）

这么早，有什么事吗？
有事求你。
请你把祈雨娃娃借给我用一下。
早上妈妈让我在院子里除草。
可是我还有其他事情要做呢！
那东西其实不可信的。
我信！
最近，你的天气预报总是百分之百的准确！
谢谢你了。
只好去改写了。
立刻就下雨……
这样就可以了。
怎么了？
云彩的移动变得好奇怪呀！
要是现在出去的话，
准会遇上大雨的，等一等吧！

182

这是不负责任。
你应该判断一下，谁是对的。
要晴天！
下雨！
咚咚
咚咚
已经决定让天气自然变化了吗？
还是每天在写日记时把天气记下来容易些。

我们普通人也可以从地面观测气象吗？

大气中发生的各种现象，自古以来就为人们所注意，人类观测气象的历史可以追溯到 2500 多年前的古希腊时期。

气压计是用以测量大气压强的仪器，这种发明于 17 世纪的仪器，开启了得以延续至今的气象观测。气压计的发明对气象观测技术的推进起了极大作用，人们只要掌握气压的变化就可以大致来预测天气的变化了：气压高时，天气晴朗；气压降低时，将有风雨天气出现。因此，气压计也被称为"晴雨表"。除此之外，气压计还可以用来测量高度：每升高 12 米，水银柱即降低大约 1 毫米，因此可以很方便地测出山的高度及飞机在空中飞行时的高度。除了参考气象台观测到的气压、气温、湿度、风向、风速等数据外，还有一些大气现象离不开人眼的直接观测。

世界各国都会在地面设置很多气象观测设备，以求掌握更全面的天气动向，为公众提供较为准确的天气预报。

气象观测船和浮标可以观测海上气象

气象观测船可以测量气温、风速、水温、降水量、盐分等海上气象变化。但是，单单依靠气象观测船并不能全面观测到广阔海面上的气象变化，气象浮标机器人（海洋气象浮标）刚好可以补充气象观测船的不足。常见的气象浮标机器人携带的浮标呈球形胶囊状，直径为 50 厘米，重约 30 千克，每隔 3 小时就会反馈气压、水温、波浪高度等气象信息。在台风即将来临时，波浪往往比较高，这个时候浮标机器人就会每小时都反馈监测结果了。

▶ 气象观测船的主要任务是观测台风及梅雨季节的动态，根据观测结果发出海上警报。

出处/日本气象厅官网

观测气象的方法多种多样

来做一个放晴娘。

气球和航空机可以用来观测空中气象

除了海面气象外，空中的气象也需要人们及时进行观测。最常用的观测空中气象的方法是利用气球，将气球升高至距离地面 30 千米的高空，然后用无线电探空仪监测气象数据，就能及时将大气中的气温、湿度、气压、风向、风速等信息传送到地面。

另一种方法是借助航空机进行观测，在某些国家，有一些特殊的专业团队还会利用航空机进入飓风，进行更为直接的观测。当然，这种操作难度相当大，而且需要冒很大的风险。

人造卫星可以从外太空观测气象

我们平常所看到的《天气预报》里的气象资讯，在很大程度上是依据人造卫星观测到的数据进行预测的。气象卫星实质上是一个高悬在太空中的自动化高级气象站，是集空间、遥感、计算机、通信和控制等高端技术于一体的产物。

人造气象卫星可检测地球附近的云图的变化，发送灾害性天气的检测数据，给人们提供生活气象信息，还可以为飞机航行提供引导，实时侦测卫星发射现场上空及周边天气的情况。人造卫星观测气象不分白天黑夜都在进行，一般都是 24 小时不停歇地工作，以不断捕捉变化中的水蒸气数据。

特别专栏

气象卫星都能做什么？

气象卫星上携带着各种气象观测仪器，可以为我们搜集更多、更全面的气象信息。携带着扫描辐射仪的卫星可以测量地球的热量辐射，而不同的热量辐射又对应着不同的湿度和温度；携带着高性能微波天线的卫星能观测到地球上以各种形式存在的水，从而有助于提升降雨量预测的精准度；携带着闪电成像仪的卫星能探测闪电的频次和强度……它们的存在使人类对环境及灾害的监测能力、人工影响天气的能力、从空间研究天气的能力都有了很大的提升。

影像提供 / JAXA

出处／日本气象厅

▲ 一般把自动气象数据采集系统所在的位置叫作露场。

我国的气象观测系统建设

一个较完整的现代化气象观测系统要由观测平台、观测仪器和资料处理等部分组成。地面气象站的观测场、气象塔、船舶、海上浮标和汽车等都属地面气象观测平台；气球、飞机、火箭、卫星和空间实验室等，是人们普遍使用的高空气象观测平台。它们分别装载着各种地面的和高空的气象观测仪器。

我国地域辽阔，地形复杂，因而我国的气候状况也十分复杂多变。针对气候灾害和气候变化加强气象观测系统建设，不仅是提高气候灾害监测预警能力的需要，也是开发和利用气候资源，实现人与自然和谐发展，更好地为经济社会发展和国家安全服务的需要。

综合气象观测系统的发展直接影响着我国气象业务水平的提高，关系着防灾减灾能力的增强，因而从建国之初我国就十分重视气象事业的现代化建设。目前，我国各地区的气象台站网已基本建成，从而保障了气象综合观测水平的逐步提升。20世纪末以来，我国综合气象观测业务在多轨道、集约化业务建设等方面已取得了初步成果，初步建立了地基、空基、天基观测相结合的综合气象观测系统，为现代气象业务体系建设奠定了良好基础。

雷达和光达的区别在哪里？

雷达对我们从事天气状况预测工作有着功不可没的作用，各个国家在气象预测方面都需仰仗气象雷达的帮助。气象雷达是专门用于大气探测的雷达，是警戒和预报中、小尺度天气系统（如台风和暴雨云系）的主要探测工具之一。

气象雷达通过方向性很强的天线向空间发射脉冲无线电

气象观测期待更新的技术

186

百变天气放映机

▶ 气象光达通过发射激光来观测气象。

出处/日本气象厅

波,不仅可以确定探测目标的空间位置、形状、尺度、移动和发展变化等宏观特性,还可以根据回波信号的振幅、相位、频率和偏振度等确定目标物的各种物理特性,例如云中含水量、降水强度、风场、云和降水粒子相态以及闪电等。

当雷达发出的电波接触到目标时,返回来的电波就会被天线接收。每一个雷达几乎都有可以360度旋转的天线,以方便观测四周状况,但这样也导致一个严重的缺陷出现,那就是天线在旋转过程中没法观测到其他方向。针对这一局限,气象部门又设置了能够360度观测的相位阵列雷达,定期观测周边云的动向,以减少观测疏漏。

目前主要的气象雷达有测云雷达、测雨雷达、测风雷达、圆极化雷达、调频连续波雷达、气象多普勒雷达等,其中,多普勒雷达是一种比较好用的观测仪器。

特别专栏 GPS气象学

我们在生活中常常会接触到GPS(全球定位系统),汽车导航、智能手机导航等都离不开它。有了这个系统的帮助,人们如果找不到路,就可以在GPS的指引下顺利前往目的地了。

GPS可以应用在各种领域,气象监测上也同样需要。GPS气象学指的就是利用GPS理论和技术来遥感地球大气,进行气象学的理论和方法研究的科学,如测定大气温度及水汽含量,监测气候变化等。

目前,GPS已经成功地在地球科学的许多领域得到应用,如地壳形变和板块运动监测,火山爆发监测,地震的监测及预报,地球自转监测,电离层监测及空间天气预报,对流层监测及天气预报等等。

虽然相关应用才刚刚开始,但未来它一定会给人类带来更多帮助。

除了雷达,近年来又出现了一种可在限定区域内更快、更准完成气象观测的工具——光达。光达通过激光扫描,即能依据光线呈现出来的长度,来分析距离目标对象的远近和目标对象的相关动向。

虽然与雷达相比,光达没法观测到距离稍远一些的地方的雨云状况,但它的优点在于能掌握大气中的悬浮物动向,即便空中没有云,它也能毫无压力地掌握空气流动方向。由于机场上空突然发生的下沉气流对飞机的起飞和降落都有较大的影响,光达也可以对此进行很好的观测。另外,光达还可以用在观测黄沙和大气污染物PM2.5上,对于遭受沙尘暴和雾霾危害的地区很有帮助。

▶ 数值预报模型充分考量了地球上发生的各种现象。

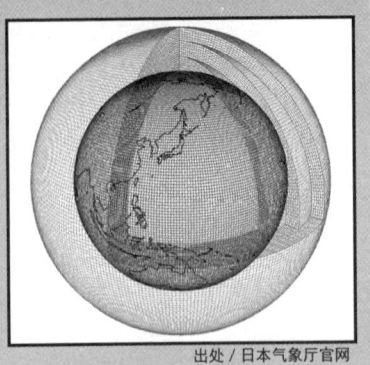

出处 / 日本气象厅官网

超级计算机对天气预报的帮助

在日常生活中，你有没有这样的经历：《天气预报》明明播报今天会是晴天，可你却在回家的路上突遭大雨。像这种短时的极端天气，在过去是很难被预测到的，但随着超级计算机在天气预报方面应用得更加广泛，人们就能对采集到的气象资料进行更精确的分析和测算，从而使这样的情况得到改观。

如果能预知每个地点的风力、风向、温度、降水等信息随时间变化的准确数据，并进行精确的路线设计，背上一个滑翔伞不就能像鸟儿一样飞翔于城市、山川之间了吗？有了超级计算机的帮助，这将不再是幻想，也许几年后，它就会给每个小区提供自己的天气预报，也会很快实现对雾霾的治理。人类正通过对各种事物的发展演变进行模拟，去获得预测甚至改变未来的能力。在天气、地震甚至生物进化和宇宙演化等各种领域窥得天机，这正是超级计算机的魅力所在。

神奇的超级计算机

特别专栏

用气象火箭观测天气

影像提供 / JAXA

气象火箭获得的高空大气资料可用于天气预报、气候变化和灾害性天气研究。气象火箭通常是小型火箭，它一般使用固态燃料，价格低廉，可靠性高，使用方便，还可回收以便多次使用。气象火箭一般重几十千克到100千克左右，携带的仪器仅几千克重，火箭弹道点高度通常在60千米以上。

世界上已有20多个国家研制和发射了气象火箭，建立了80多个气象火箭发射场，探测网站遍及从赤道到极地地区的广大地域。我国也研制和发射了用于气象探测的"和平"号探空火箭。目前发射气象火箭已成为收集全球高空大气资料的经常性工作。

188

变化无常的日历

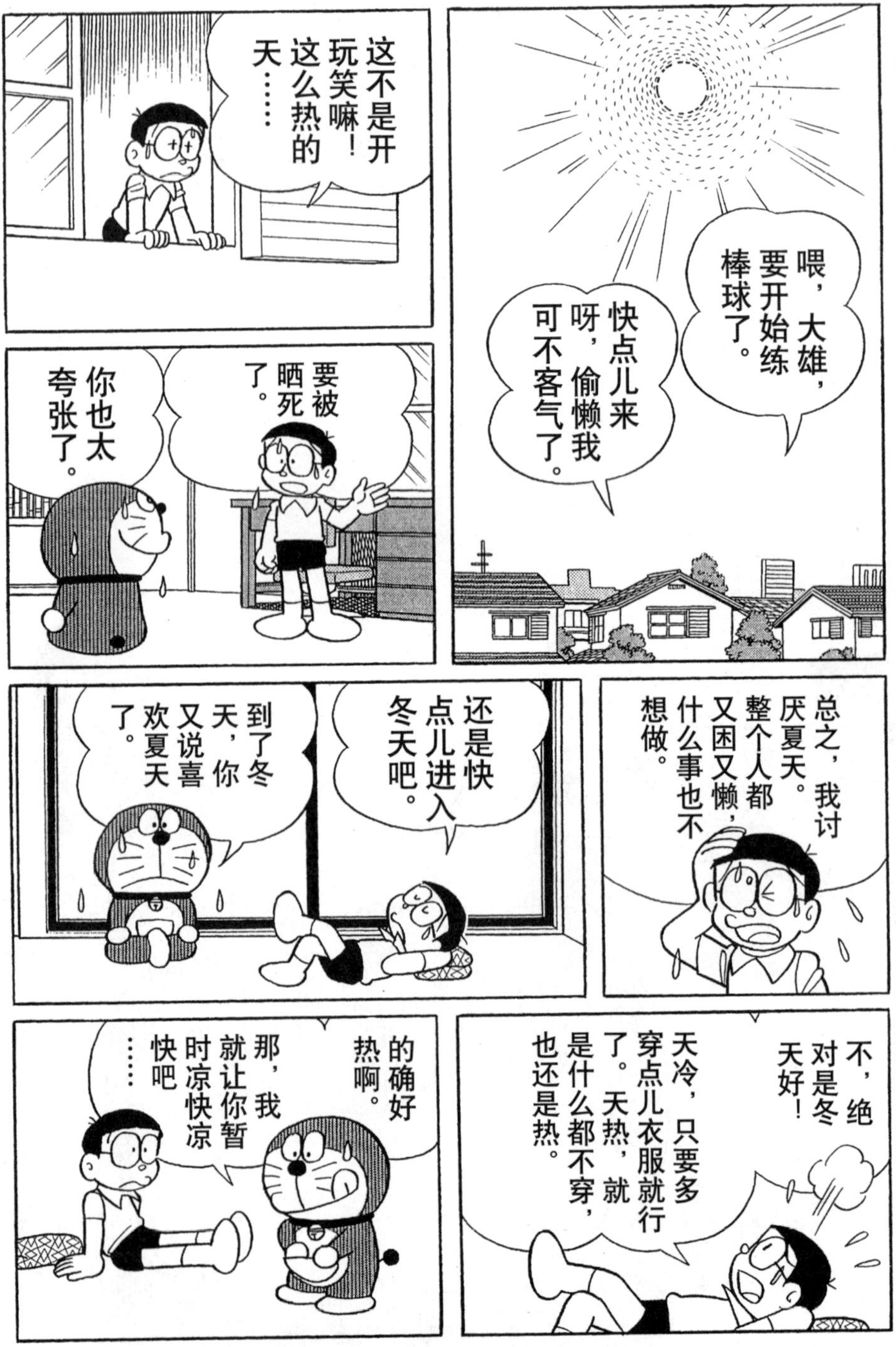

百变天气放映机 Q&A

Q 大气中二氧化碳的增多会使得海洋中贝类生物的壳变薄。这是真的吗？

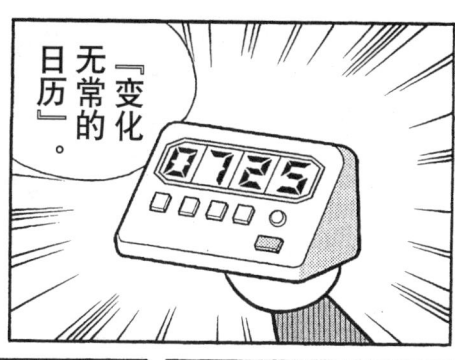

A 真的。贝类的壳由占全壳质量百分之九十五的碳酸钙和少量的贝壳素构成，二氧化碳的增多会导致碳酸钙难以形成。

阿嚏！
没人来，是怎么回事？
因为突然变冷了……
现在是二月份，不是打棒球的季节。
是啊，我还以为是七月份呢，原来是二月份。
没办法，解散！
解放了！
哈哈哈，居然下起雪来了。
不错吧？
嗯，很好。
……可是
光是冬天也没意思。
？
咔嚓
咔嚓
叮
1225
十二月二十五日。

喂，别乱来。
我知道。
妈妈，给我买电子游戏《揭开X之谜》。
不是说好圣诞节才买的吗？
今天就是圣诞节！
这么说来，今天是十二月二十五日……
日子过得真快呀。
哇，谢谢！
和静香一起玩儿。
你怎么无精打采的？

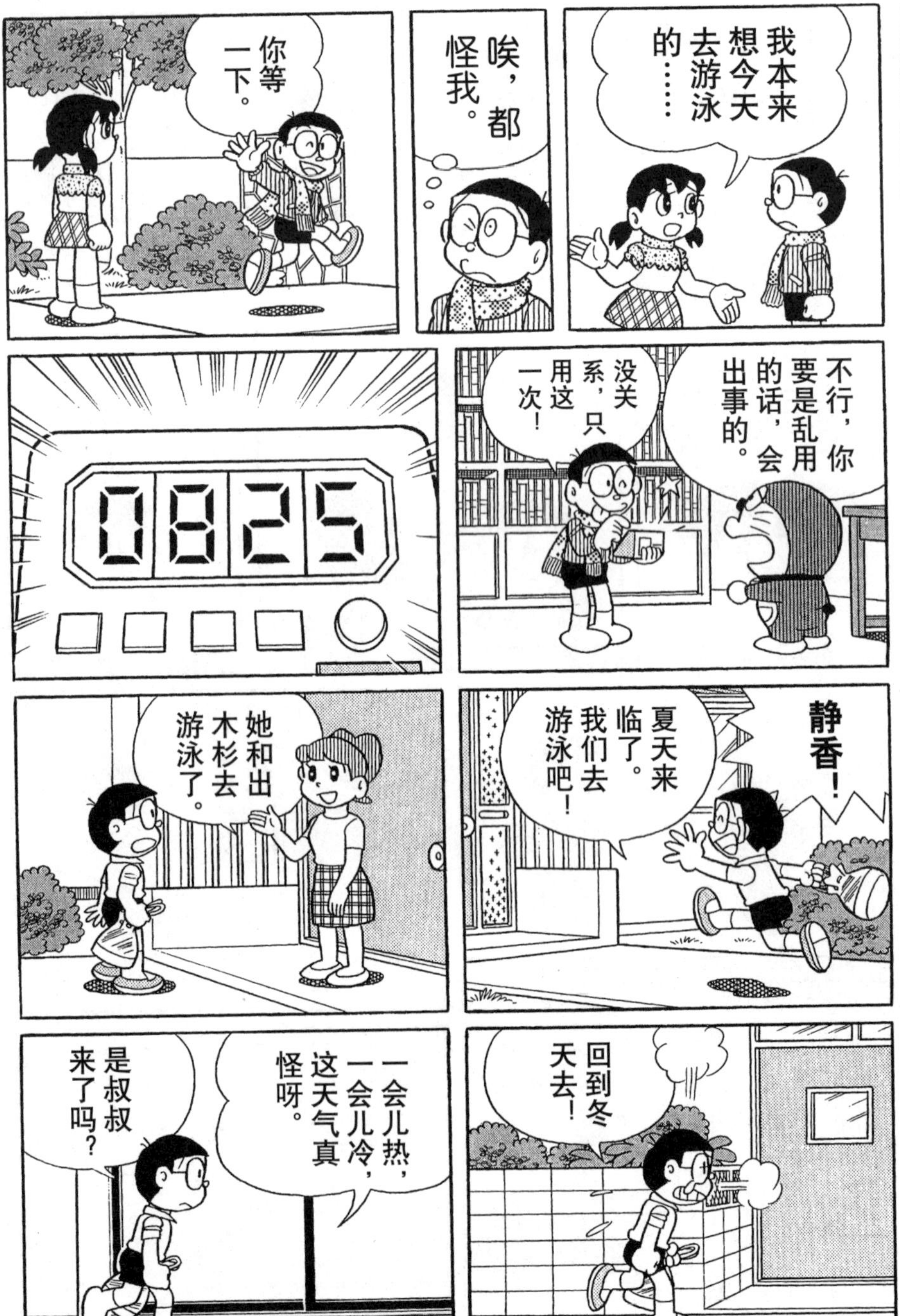

百变天气放映机Q&A

Q 地球变暖所导致的冰和雪融化，会进一步加剧变暖的速度。这是真的吗？

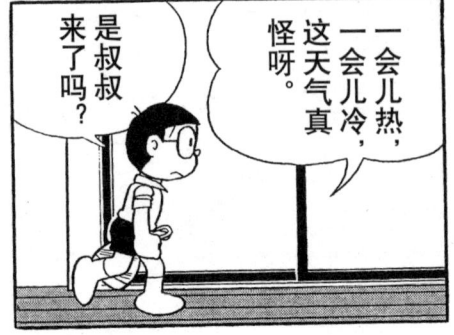

A 真的。冰和雪的融化使得地表吸收的热量变多，加剧温度的上升。

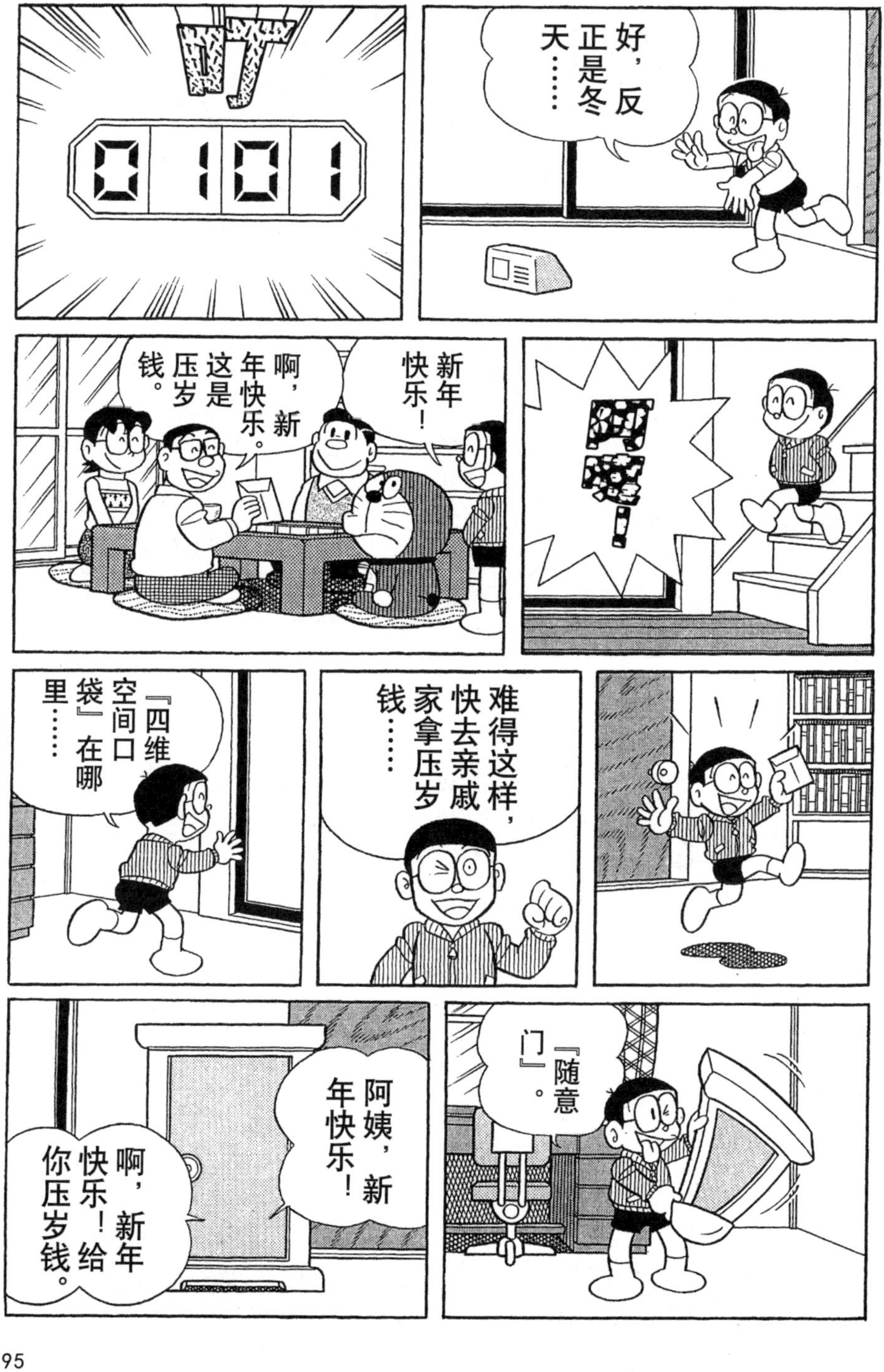

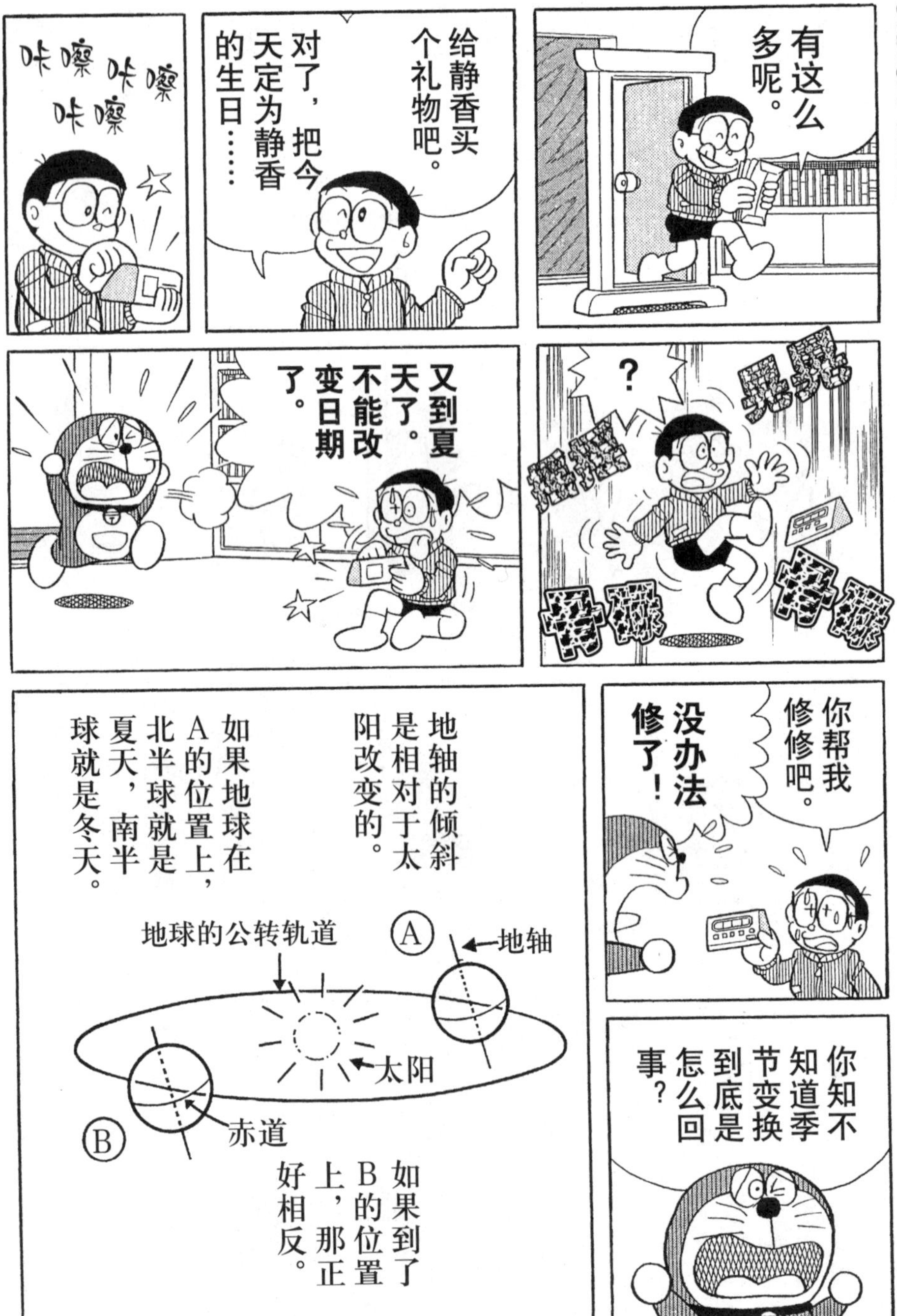

百变天气放映机Q&A

Q 地球变暖会给人类带来什么灾难？①狂犬病。②疟疾。③埃博拉出血热。

A ②疟疾。疟蚊是散播疟疾的媒介，气温上升会导致疟蚊大量繁殖。

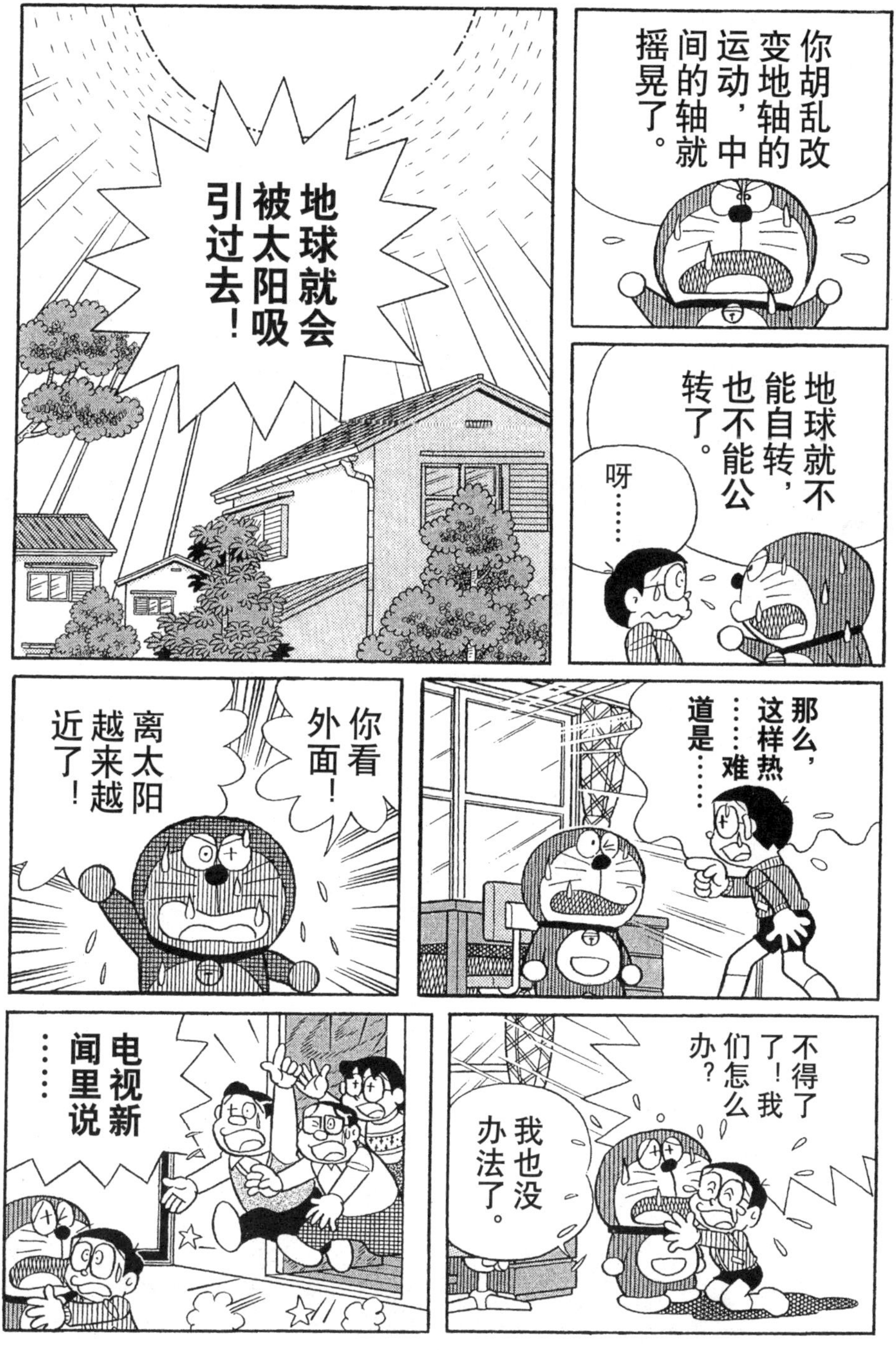

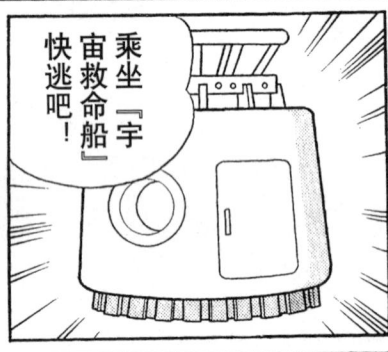

地球的末日到了！

乘坐『宇宙救命船』快逃吧！

骗人的吧……真令人不敢相信……

你别磨磨蹭蹭的了！

对了！不能丢下静香不管！

快快！

喂，你到哪儿去？没时间了！

去叫静香……

啊！

惨了！
怎么能丢下我一个人不管！
怎么办……
都怪我不好……
都是因为你随心所欲，现在反省了吗？
是我不对……
嗯……
好了！把『灾难训练机』关掉吧。
！
！
！
你别生气，因为今天是愚人节。
0401

地球的暖化和寒化循环往复

地球会越来越温暖吗？

从诞生之日起，我们所生活着的地球就无一日不处于变化当中，使地球环境和气候也跟随着地球的变化不断更迭。迄今为止，地球的环境和气候已经发生了无数次的变化。地球历史上已经经历过数次到处都是冰川的时代，那就是地球历史上有名的"冰川期"。

而恐龙异常繁盛的白垩纪时期（距今1亿3500万年前至6500万年前），则是一个相对温暖的时期，那个时候的南北极还不是现在的"冰天雪地"，而是长满了各种茂密的植物，平均气温比现在要高10℃以上呢。

恐龙灭绝后，地球又不断趋于寒冷化，大约从200万年前开始，地球进入了气温下降和气温上升不断重复的间冰期。而我们现在所处的时代正是2万年前地球冰期结束后的间冰期，在这个时间段里，地球气温会呈缓慢上升态势。过去的6000年处于间冰适宜期，气温比现在高约2℃～3℃，但整体温暖多雨，就连现在异常干旱的撒哈拉沙漠等西亚、北非地区也是如此。那时，地球上到处都是大片大片的森林和草原。正是这样的气候孕育出了埃及文明和美索不达米亚文明，当然也包括历史悠久的华夏文明。

最近这些年里，地球暖化持续上演。进入21世纪后，各地的高温纪录不断被打破，让人们陷入一片恐慌当中。实际上，地球的暖化和寒化是在交替进行着的，平均温度升高或降低几摄氏度都是正常现象，但全球变暖也是一个毋庸置疑的事实。全球变暖将带来非常严重的后果，如冰川消退、海平面上升、荒漠化，还将给生态系统、农业生产带来严重影响。如何应对这一系列问题，是世界各国需要关注和研究的焦点。

▼温室效应致使地表气温上升。

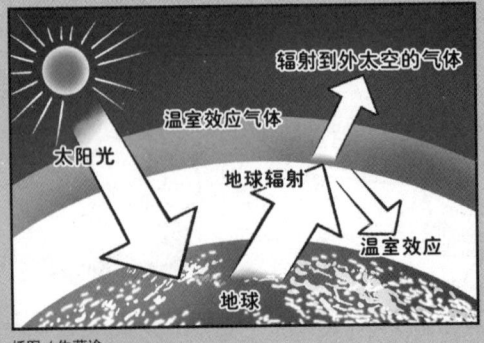

插图/佐藤谕

全球变暖是由人类活动引发的吗？

一般认为地球暖化的最大原因是大气中的温室效应气体增加。大家通过阅读第45页的内容已经可以知道，温室效应来自于大气发挥温室作用，使地表温度升高。事实上，二氧化碳、甲烷、水蒸气等这些仅占大气总量1%的气体，对来自太阳的可见光具有高度透过性，而对地球释放出来的长波辐射具有高度吸收性，能强烈吸收地面辐射中的红外线，导致地球温度上升，这便是我们常听说的温室效应。当温室效应不断积累后，就导致地气系统吸收与发散的能量不平衡，而能量不断在地气系统中累积，便会导致温度上升，造成全球气候变暖这一现象。

过去，地球在白垩纪时期也曾发生过暖化现象，但当时主要是火山喷发而提高了大气中的二氧化碳浓度导致的。

而进入18世纪后，人类的工业革命开始大量使用煤炭和石油等化石燃料，排放出了大量二氧化碳。与此同时，全球的森林遭大面积砍伐，又使得地球吸收二氧化碳的能力减弱，让温室效应愈演愈烈，成为地球上的人们不得不重视的问题。

据有关研究资料显示，2012年，全世界大气二氧化碳的平均浓度达到393.1ppmV（ppmV是体积比，代表一百万分之一），与工业革命之前的平均值（280ppmV）相比，二氧化碳的平均浓度提高了大约40%。

根据国际性组织政府间气候变化专门委员会（IPCC）发表的报告显示，在过去的100年内，全球平均气温上升了约0.85℃。全球变暖已成为无可置疑的事实。另外，这份报告也揭示出了全球变暖的原因：20世纪中期以后观测到的全球平均气温上升现象，几乎皆起因于人类活动导致的温室气体增加。

▶ 海里和地底储存了大量二氧化碳，人类使用化石燃料必然会使更多的二氧化碳排入大气中。

插图／佐藤谕

地球气候在未来会呈现怎样的发展态势?

根据 IPCC（请参阅第 201 页内容）在 2013 年发布的研究报告，全球研究机构利用超级计算机预测未来地球的暖化现象，并做出了这样的预估：如果人类持续排放温室气体，在未来，地球上的平均气温将比 20 世纪末升高 2.6℃～4.8℃；如果排放量能够有效缩减，地球上的平均气温将比 20 世纪末升高 0.3℃～1.7℃。

当然，地球上各个地方的暖化程度将有所不同。北半球的升温速度要比南半球快，这是因为陆地跟海洋相比，暖化速度要快一些。这就意味着北极高纬度地区的情况将更加糟糕，目前的北极海域常年漂浮着海冰，暖化后这里的海冰都将面临融化的困境。而这种状况现在已露出了端倪，据有关统计显示，自 1979 年以来，北极海冰的覆盖范围已缩减了 40%。有专家预测，如果一直这样下去，到 2030 年至 2050 年之间，北冰洋可能会在夏季出现完全无冰的情况。

▼ 全球变暖将使海面极可能形成威力更强的超级台风。

插图/佐藤谕

地球暖化带来的威胁

地球暖化会使得气候日益恶化，暖化后气温升高所带来的热能，会提供给空气和海洋巨大的动能，从而形成大型，甚至超大型台风、飓风，并引发海啸等灾难。如此一来，人类每年所遭受和面临的灾难将会越来越多，由此导致的生命和金钱损失也将越来越大。另外，暖化导致的气温升高还会从陆地吸走更多水分，使得内

地球暖化会对地球和人类产生哪些影响？

插图/佐藤谕

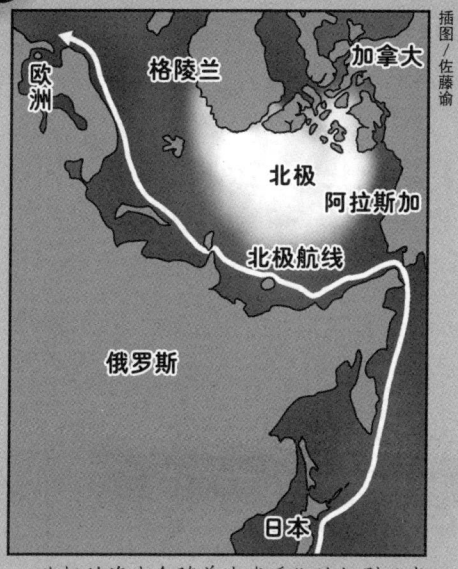

欧洲　格陵兰　加拿大　北极　阿拉斯加　北极航线　俄罗斯　日本

▲ 北极的海冰会随着地球暖化的加剧而减少，这就意味着未来的船只将有可能实现在这里航行。

陆地区大面积干旱，从而引发粮食减产、饲料减产，使得冰山上冰雪的积累速度远没有融化速度快，甚至让有些冰山不再积累，这将会给人类带来因缺水而产生的冲突和战争。

从生物方面来讲，地球暖化会进一步加剧海洋酸化，使得海洋中最底层的食物消失，使海洋食物链从最底层开始向上迅速断裂，导致海洋中生物大量死亡。这样造成的结果就是又会释放大量温室气体，加速全球变暖，形成恶性循环。另外，气温上升也会导致昆虫类生物提早从冬眠中苏醒。昆虫们提前苏醒，因为没有天敌，就会肆无忌惮地吃掉大片森林和庄稼。没有了森林，等于无形当中又增加了二氧化碳的含量，加速全球变暖。而没有了庄稼，就等于没有了食物，饥饿和死亡将会威胁地球上大部分人的生存。而一旦大规模的饥荒蔓延，由此引发的战争也将无法避免。到那时，地球上将上演更多的惨剧。所以，为了我们自己的生存，大家一定不要再认为全球变暖带来的灾难与自己无关或很遥远，必须要积极行动起来，与地球暖化这一趋势做抗争。我们除了要尽可能地减少温室气体排放，还要对农作物进行改良，尽快建立完整的社会体系，尽早研究出并尽快实施针对地球暖化的更为全面、有效的应对措施。

特别专栏

预防地球暖化有新招儿

众所周知，导致地球暖化的一个最主要的原因就是二氧化碳的大量排放。要对抗全球暖化，我们只做到减少排放是不够的，是不是还应当想办法减少大气中原有的二氧化碳含量呢？目前，新的科学技术已经引起了极大的关注，一旦投入使用，我们将可以借助科学的力量回收和去除大气中的二氧化碳。另外，还有一些利用人工方式进行光合作用，从而直接结合阳光、水分、二氧化碳制造有机物，回收二氧化碳的技术，也处于研发中，期待这也能早日变为现实。

除了上述研究外，也有人提出"遮阳作战"这样的想法，意思是在平流层释放可以散射阳光的硫酸物质，这样就可以在外太空利用这些反射物质遮住一些阳光。这个想法无疑是美好的，但实现起来却是比较难的，因为这涉及了很多科学难题。

后记 天气预报与大家的未来

[日] 日下博幸

天气和气象对于生活在地球上的每一个人来说，无疑都是非常重要的。试想一下，如果没有了天气预报，人们将无法根据天气规划明天以及未来一段时间内的生产活动，我们上学的时候也不知道该穿什么衣服，还会为要不要带把伞而苦恼。尤其是在一些自然灾害多发的地区，人们无法防患于未然，不能在灾害到来前提早做好各种防范措施，所以会承受更多的人员和财物的损失。

那么，人类是从什么时候开始对与人类生活息息相关的天气进行研究的呢？天气预报又是从什么时候开始出现的呢？早在公元前3世纪左右，古希腊的哲学家泰奥弗拉斯托斯就写了一本书，里面包含了"夕阳晴，朝霞雨""前一天有夕阳，第二天就会放晴"等至今依然沿用着的天气谚语，说明那时人们对天气已经有了一定的了解。到了公元前1世纪的时候，古希腊人在雅典建造了一座"风之塔"，这就意味着当时的人们已经学会观测风向了。

16~17世纪，气压被人们发现，很快，人们就将气压用在了预测天气方面。19~20世纪，人们不仅发明了天气图，还发现了各种大气现象。正是在这些发明和发现的基础之上，"气象学"这个学科才一点一点被孕育了出来。

气象学发展到如今，人们已经可以借助超级计算机、人造卫星、雷达等现代化的工具去提升天气预报的精准性了。然而，尽管如此，人们依然很难预测龙卷风与有些暴雨发生的时间和地点，对于酷暑和冷夏时节的预报也不够精准，在很多方面仍然有待进一步加强。但我们也应该看到，多年来，正因为有了无数科学家一直以来努力累积气象预报研究的成果，才有了现在我们所看到的天气预报。所以，我们要扎扎实实立足于当下，做好基础研究与建设，另一方面，我们也要着眼于未来，期待

未来气象学的进一步发展。

　　我本人也是一个气象学者，我的主要研究方向是热岛效应和局部风，我对这些现象进行过多次观测实验，但至今仍有很多问题令我困惑不解，比如城市和暴雨之间的关联。有些研究者并不了解城市的存在是如何影响暴雨的，从而认为两者之间并无联系，但实际并非如此。而有些地方所特有的焚风和落山风等强风现象，我们至今也未弄清它们的发生原理。

如果有一台时光机的话，我最想去哆啦Ａ梦生活的世界，去看看那时的人是怎样播报《天气预报》的。对于我们现在所搞不清楚的气候原理，他们是否早已研究得十分透彻？是否也真的像这本漫画书里所说的那样，人们已经可以控制天气了？所有的这些，也许在未来将真的不再只是想象了吧。

　　如果你在阅读这本书的时候，对天气和气象产生了浓厚的兴趣，那么我觉得你将有可能通过以后的学习成为一名优秀的气象学者。希望你能够努力学习与气象学相关的基础知识，包括物理学、数学、地理学等学科的知识，为未来的气象研究打下坚实的基础。

　　当你想依靠自己的力量去了解原本不明白的事情时，请务必保持这种状态和想法。只要有科学探索的精神，并为此付出切实的努力，相信我们每一个人都可以成为很棒的研究学者。我将在我的研究领域里继续努力，为气象学贡献自己的一份力量，也期待未来能有机会和你一起做研究！

DORAEMON KAGAKU WORLD –TENKI TO KISHO NO FUSHIGI–
Comic by FUJIKO F FUJIO
©2014 Fujiko Pro/SHOGAKUKAN
All rights reserved.
Original Japanese edition published by SHOGAKUKAN.
Chinese translation rights in China (excluding Hong Kong, Macao and Taiwan)
arranged with SHOGAKUKAN through Shanghai Viz Communication Inc.

图字：07-2017-0020

图书在版编目（CIP）数据

哆啦A梦科学世界．百变天气放映机／（日）藤子·F·不二雄漫画；日本小学馆编写；吕影编译．— 长春：吉林美术出版社，2019.7（2020.7 重印）
ISBN 978-7-5575-4370-9

Ⅰ．①哆⋯ Ⅱ．①藤⋯ ②日⋯ ③吕⋯ Ⅲ．①科学知识—儿童读物②天气—儿童读物 Ⅳ．① Z228.1② P44-49

中国版本图书馆CIP数据核字（2018）第 246796 号

DUOLA'AMENG KEXUE SHIJIE BAIBIAN TIANQI FANGYINGJI

哆啦A梦科学世界 百变天气放映机

漫　　　画	［日］藤子·F·不二雄		
编　　　写	［日］日本小学馆		
日文版审订	［日］大谷绘里（Fujiko Pro）	［日］尾崎美香（Fujiko Pro）	
	［日］大西将德		
日文版统筹	［日］泷田义博	［日］洼内裕	［日］丹羽毅
	［日］甲谷保和	［日］芳野真弥	
日文版美术设计	［日］bi-rize		
日文版封面设计	［日］有泉胜一（Timemachine）		
日文版编辑	［日］杉本隆		
繁体中文版审订	吴俊杰		

编　译	吕影	版　次	2019年7月第1版
出 版 人	赵国强	印　次	2020年7月第2次印刷
责任编辑	单媛媛　王超	出版发行	吉林美术出版社
开　本	889mm×1194mm 1/32	地　址	长春市人民大街4646号
印　张	6.5		邮编：130021
字　数	200千字	网　址	www.jlmspress.com
印　数	10001—15000册	印　刷	吉林省科普印刷有限公司

ISBN 978-7-5575-4370-9　　　　　定价：25.00元

本书为2014年日本小学馆出版的《ドラえもん科学ワールド　天気と気象の不思議》简体中文版，经重新修订、编辑后发行，因此少部分内容与日文版不同，特此声明。